Auto da fé

*… Licenziando queste cronache
ho l'impressione di buttarle nel fuoco
e di liberarmene per sempre (E. Montale)*

L'edizione digitale di questo libro
è disponibile on-line in formato .mobi su Amazon e in formato
.epub su Google Play e altri store on-line.

ISBN 978-1090500533

Giorgio Maggioni

SEO MEO PEO

*Breviario semplice
di Web Media Marketing*

auto da fé

Indice

p. 11 *Intervista all'Autore*

17 *Prefazione* di Isabella Lopardi

Giorgio Maggioni
23 SEO MEO PEO
Breviario semplice di Web Media Marketing

25 CAPITOLO I

35 La gestione della crisi in un mondo iperconnesso

31 CAPITOLO II

35 Anche su Internet il supermercato ha la meglio rispetto al negozio?

35 CAPITOLO III

35 Siti e-commerce: successo o perdita di tempo?

45 CAPITOLO IV

45 Come nasce un progetto

57   CAPITOLO V

57   Il caso e la statistica

59   Conoscere i processi attraverso le formule matematiche

66   *Dicono di me*

69   CAPITOLO VI

69   Ma quanto è vicina la Cina?

75   CAPITOLO VII

75   I big buyer del futuro

79   Ma le 4P funzionano ancora?

85   CAPITOLO VIII

85   I motori di ricerca

91   CAPITOLO IX

91   Conquistare una SEO di successo: difficile? Non del tutto

96   Quali strumenti usare per i controlli

99   CAPITOLO X

99   Come scrivere un buon testo SEO?

109   *Dicono di me*

111   CAPITOLO XI

111   Come girare un buon video?

guardano con stupore, con un'ombra di sospetto? Il personal computer, il world wide web come mezzo di informazione e condivisione, l'e-book e gli audio-libri, il supermercato che ormai è un fatto scontato perché socchiude la porta all'e-commerce, fino a spalancarla.

E ancora: c'è YouTube per ascoltare musica e seguire il cinema. I DVD e CD non sono supporti che tutti apprezzano: del resto, il mondo è de-materializzato e parliamo di supporti materiali. Ognuno si fa regista della sua pellicola (esiste ancora, la pellicola?) e la distribuisce.

Nell'ombra, la realtà virtuale e gli automi. Ogni quadro va in piena luce per poco tempo e l'ora dopo è già pronto per fare storia. «Tutti famosi per quindici minuti», come profetizzava Andy Warhol.

Solidi oggetti, tangibili sicurezze, non hanno più un ruolo di primo piano in un mondo dematerializzato nel quale la tendenza porta altrove: fuori dagli archivi, dalle mille pagine in materiale cartaceo.

Prefazione

di Isabella Lopardi

Gli albori del web. Volgiamo lo sguardo all'uomo del secolo scorso

La generazione che ha vissuto il Sessantotto vede sgretolarsi e ricomparire sotto altra forma tutto un mondo. Una macchina da scrivere con dispositivo meccanico, una biblioteca con libri del secolo precedente, un archivio redatto su carta e distinto in cartelline, in fila sugli scaffali, piccoli negozi e musica da dischi di vinile: ecco una modalità di catalogazione, ecco un ambito dal quale partire al fine di trovare informazioni. Ecco quanto sta svanendo, ecco com'era ieri. Classificare in quel modo è stato utile per molto tempo.

L'uomo e la donna diciottenni nel Sessantotto, che cosa hanno intorno ora? Cosa

Academy, per il corso di marketing, nell'ambito del quale ho tenuto docenza per due anni. Ho inoltre condotto due incontri formativi dal titolo *Il Kite Marketing come strumento di lead generation*, con gli studenti del primo e del secondo anno.

Ora sapete da quali presupposti sono partito. Ma entriamo nell'argomento, un capitolo dopo l'altro.

territorio italiano, coprendo anche le zone del Meridione. La società è stata poi fondata nel 2014.

Nello stesso anno la nuova realtà ha sviluppato, ottimizzato e lanciato sul mercato *Kite the Web*, un applicativo *web based* per l'osservazione e determinazione di modelli web 2.0. Il software (*kitetheweb.com*) permette l'identificazione dei visitatori sul web, in ottemperanza alle normative sulla tutela della privacy. Ne parleremo nel capitolo dedicato.

Dal 2011 fino a oggi ho sviluppato con un gruppo di ricercatori l'algoritmo KTL (Keyword To Lead), una formula per prevedere le conversioni in Internet che, non potendo essere brevettata, è stata soltanto depositata presso uno studio legale.

Nel 2014 ho sviluppato e realizzato WDS, un modello di *web diligence & strategy* che viene costantemente applicato nelle imprese come "bussola e timone".

Nel 2015 ho iniziato a collaborare, come ho accennato, con l'Istituto tecnico universitario paritario San Paolo, ora Fondazione ITS-Jobs proprio bisogno di una cosa che puoi fare per noi». Tutto andava per il meglio. «Ci servirebbe un bel cartello con la scritta "Vietato fumare"; sai, in ufficio non ci rispetta nessuno e a noi dà terribilmente fastidio».

Ecco il mio battesimo nelle "grandi agenzie di Milano".

Dicci di più.

Sono un comunicatore, esperto e sviluppatore di modelli di business on-line. Un *webmaître d'atelier* specializzato nella Pmi, nonché docente di Web marketing per l'internazionalizzazione d'impresa. È dal 1993 che studio, analizzo e sfrutto Internet. Nel 2012 sono stato fra i promotori di Web Marketing Media, gruppo di professionisti per lo studio di progetti on-line.

In Wmm mi occupo di sviluppare modelli di business utilizzando logiche non convenzionali. Il gruppo oggi "associa" una decina di professionisti distribuiti sull'intero periodo scolastico al Liceo artistico, nacque in seno alla mia famiglia la possibilità per me di trascorrere due mesi di lavoro in questa grande agenzia, che all'epoca aveva (credo) un'ottantina di dipendenti. Si trattava di quelle grandi agenzie che a quel tempo ottenevano progetti importantissimi (e tutto avveniva senza Internet).

Ricordo che bisognava portare gli esecutivi (la versione finale, chiamata *finished layout*) dal fotolitista (una professionalità ormai estinta, ma allora indispensabile per procedere alla stampa *offset*); è chiaro che non erano in digitale, ma realizzati fisicamente con taglierino e retini: si utilizzava dunque il taxi. Costi esorbitanti, ma nella "Milano da bere" era prassi comune.

Ebbene, arrivato dalla provincia con tanta voglia di fare e con l'ingenuità dei sedici anni, mi aspettavo di lavorare per i grandi clienti che vedevo in tv (come avvenne, in realtà, successivamente). La prima domanda che mi posero fu: «Tu, dunque, sei studente del Liceo artistico? ». Risposi di sì. «Ecco, noi avremmo

Intervista all'Autore

SEO, MEO, PEO... sembra uno scioglilingua, una filastrocca per bambini. Un fumetto con rocamboleschi personaggi, dei quali seguire la storia. In effetti, si tratta di un ambito affascinante. Sono tante le sigle della rete Internet. SEO, Search Engine Optimization, è in buona compagnia, con altri acronimi.

Come orientarsi in questo scenario? È possibile a tutte le età. Come si può fare? Si può chiedere a chi lo conosce. Per cominciare, diamo la parola all'autore.

Come hai incominciato a lavorare?

Ho iniziato a lavorare in una famosissima agenzia di Milano nel 1984 (avevo sedici anni), come stagista per il periodo estivo. Finito il

A Elena e Saybe,
le uniche donne che mi sopportano

117   CAPITOLO XII

117   Dove caricare e pubblicare i video che abbiamo
         girato con tanto amore?

123   CAPITOLO XIII

123   Il metodo *Kite The Web*

131   CAPITOLO XIV

131   Parliamo di intelligenza artificiale

139   CAPITOLO XV

139   *Web diligence*: focalizzare il percorso da attuare
         per procedere al progetto strategico

153   CAPITOLO XVI

153   Come avviene l'internazionalizzazione d'impresa

165   CAPITOLO XVII

165   Un web marketing strategico dietro il primato
         mondiale di Premax

166   Il distretto n. 1 delle forbici Made in Italy

167   Il primo franchising virtuale

170   *Dicono di me*

175   GLOSSARIO

Imparare le minuzie di un mondo dematerializzato

Quel che i nati nella prima metà del secolo scorso possono non sapere è che questo universo, che è arrivato e ci tiene testa, questo caleidoscopio che riluce dei suoi pixel, ha una fitta teoria di regole: *netiquette* e corretto uso degli emoticon attengono ormai alla buona educazione. Non si gridava in biblioteca: ora si evita di scrivere troppe volte in lettere maiuscole, poiché questa forma equivale a urlare.

Come sopravvivere quando tutto cambia? Come evitare di diventare semplici pedine di un commercio che rende i banner dei prodotti che preferiamo immediatamente visibili, senza alcuna nostra esplicita indicazione? Stanno già raccogliendo i nostri dati e le nostre abitudini.

Un aspetto non è cambiato dal secolo scorso: la volontà dell'uomo (e della donna) di farsi strada. Come esistono creanze adatte al nuovo modo di vivere, ci sono metodi per crescere, guadagnare, migliorare. Parliamo del corretto uso dei motori di ricerca, di come raggiungere l'agognata *prima pagina*. Parliamo, dunque, delle logiche di indicizzazione, della scelta delle keyword, dell'intelligenza artificiale, del modo di utilizzare i Big Data, dell'e-commerce e di tutti i dettagli della vendita on-line.

Ciò avviene perché le biblioteche di un tempo, con i bei volumi formato A5, sono ormai spopolate e tutta l'attenzione è là, sulla Grande rete.

Funzionerà il commercio elettronico? Ancora non lo sappiamo: ancora non è noto se l'idea avrà lo spazio che merita; se si tratta di un successo oppure di una perdita di tempo. In molti hanno gridato alla morte dell'e-commerce prima che l'e-commerce stesso nascesse davvero.

Il mondo d'oggi ha le sue regole, i suoi lacci e lacciuoli, le sue minuzie, le sue sveltine e le proprie incontrovertibili regole interne. Se qualche cosa di incontrovertibile esiste ancora nel postmoderno.

Come appare chiaro non è tutto semplice. Il mondo del digitale conosce la sua crisi e al fine di superarla è una buona idea basarsi su Kondrat'ev, con le sue rivoluzioni tecnologiche e i cicli regolari. È una buona idea dare ordine al caos utilizzando la statistica. Come fare? Abbiamo bisogno di una strategia per capire quali siano i nuovi attori che si muovono sulla Grande rete, dove sono puntati i riflettori e i sipari sono alzati. Abbiamo bisogno di capire come sopravvivere, quando avere un lavoro è ormai un privilegio. Come comparire nella SERP, tra i nomi importanti del grande Google. Come diventare i più adatti nell'ambito della nuova selezione naturale.

Per fare ciò abbiamo bisogno di casi pratici, di esperienze raccontate con parole semplici. In questo modo faremo un passo avanti, al fine di imparare il mestiere di *uomo del terzo millennio*. Va benissimo rendere funzionali al risultato le nostre conoscenze pregresse, in modo da adattarle al mondo iperconnesso; tuttavia imparare da chi qualche volta ci è riuscito, anche se non basta, è di aiuto:

soprattutto (e non si tratta di un paradosso) è utile ai nativi digitali, che hanno premuto i polpastrelli su un tablet poco dopo aver sorbito il latte materno.

Ecco quanto vogliamo fare qui. Ecco il perché di questo libro.

Giorgio Maggioni

Seo Meo Peo
Breviario semplice di Web Media Marketing

*Fai in modo che il tuo discorso
sia più interessante del tuo silenzio.*

Dionigi il vecchio
(430 a.C.-367 a.C.)

Capitolo I

La gestione della crisi in un mondo iperconnesso

Quando si vuol mentire, è utile tacere. Le bugie, dice un vecchio adagio, hanno le gambe corte. A chi non è stato insegnato questo detto?

A me lo hanno ripetuto spesso, soprattutto da bambino. Per gli adulti, la maggior parte delle bugie sono per lo più innocue: evitare di dire a una persona ciò che realmente pensiamo di lei, oppure fingere di aver dimenticato un dossier, che in realtà non abbiamo ancora redatto. Ma queste "piccole" menzogne, se prima si riuscivano a nascondere, ora, in un mondo connesso (a meno che non si stia attentissimi), sono alla luce del sole.

Come si connettono (sic!) le menzogne con la gestione della crisi in un mondo iperconnesso? Studiamo un caso utile.

All'inizio c'era Franca Valeri. Una bravissima attrice che ha interpretato nel corso della sua lunga carriera i ruoli più disparati. Per questa ragione è stata apprezzata dalla stragrande maggioranza del pubblico italiano. Negli anni Novanta lavoravo in una grande agenzia di Milano che si occupava di *advertising*. Lei, "La franca", come la chiamavano i colleghi, era solita passare dai corridoi per entrare negli uffici direzionali. Il suo nome di battesimo può essere scritto con l'iniziale in minuscolo, poiché nel suo comportamento era *franca* veramente.

Una star, senza ombra di dubbio. Era la testimonial di una nota marca di pandoro (e panettone): la Melegatti. L'agenzia curava ogni aspetto della pubblicità, dal progetto creativo (quello che oggi si indica come *storytelling*) alla realizzazione.

Melegatti è un'azienda nota soprattutto per la produzione di dolci tipicamente natalizi. Il suo nome è legato, a doppio filo, alle feste. Il suo fondatore, Domenico Melegatti, è stato l'inventore del pandoro in forma commerciale; quello che oggi si trova nei supermercati diversamente "brandizzato" (forma snob per alludere alla marca) a seconda delle logiche dei supermercati. Con il nome Melegatti è tornato, in misura limitata, lo scorso Natale.

Parliamo di un'azienda con più di un secolo di vita alle spalle, che produce un dolce tradizionale. Ripeto: *tradizionale*. Tradizione, a Natale, vuol dire: Babbo Natale; la famiglia; i regali e l'atmosfera del "vogliamoci tutti bene". Era logico quindi pensare che, se l'azienda avesse voluto investire in una *brand extension* (un allargamento dei prodotti della stessa marca), avrebbe dovuto tenere in considerazione il proprio background. Se produci pandoro e panettone e sei estremamente legato al Natale, quindi all'idea di *famiglia*, devi scegliere dei prodotti che richiamano il tuo punto forte, l'immagine che ha di te il grande pubblico. Quindi, produrre croissant può essere una buona idea, perché il prodotto è collegato al contesto: la colazione è un momento tipicamente familiare.

Bene, direte voi. Ottimo!, dico io.

Invece i *marketer* (gli addetti alla promozione del marchio aziendale) che cosa fanno? Prendono come testimonial Valerio Scanu e indicono un concorso tra i consumatori mettendo in palio giornate in tour con la sua band. Io mi sono chiesto: cosa c'entra con la tradizione un bravo cantante, che ha certamente delle qualità e che sì, è seguito da migliaia di persone? Come si collega un bel giovanotto, che sceglie come crede il suo orientamento sessuale (nulla contro questo), alla famiglia tradizionale (quella del Mulino Bianco, per intenderci)?

Non a caso, una più recente pubblicità dei croissant di Bauli, noto *competitor*, fa perno sul nucleo familiare («Famiglia è»).

Forse abbiamo sbagliato. Ricordiamo che il nostro testimonial era Franca Valeri? Forse non possiamo pensare di vendere il nostro croissant soltanto mettendo un bel giovane sulla confezione. Questi sono i dubbi che avrei espresso se avessi occupato una posizione direzionale.

D'altronde anche i consumatori hanno manifestato perplessità simili, attraverso i social. «Ma dov'è finita quella confezione di pandoro azzurra, che da sempre collego al pandoro Melegatti?» si chiede qualcuno. «E quel bel logo Melegatti in oro che ricorda il Natale?».

In sintesi, nei giorni seguenti al lancio di un orribile packaging marrone con il ritratto di Scanu, non era comprensibile ai più se all'interno della confezione ci fosse un pandoro oppure un altro dolce misterioso, di una sotto-marca sconosciuta.

Qualcuno potrebbe sostenere che ormai viviamo al tempo dei social ed è ora di mettere da parte la tradizione della famiglia, per essere un po' dissacranti, come lo sono i giovani.

Talmente dissacranti che a breve termine, sui canali social dell'azienda, viene pubblicato un post graficamente molto accattivante, con un bell'alberello in argento decorato con delle palline e un *copy* (testo) che recita così: «La famiglia è come un albero di Natale; c'è sempre qualcuno che rompe le palle».

Avete letto bene.

Uno dei peggiori commenti registrati sul social è stato: «Mi ricordo di Melegatti quando mangiavamo il pandoro con il mio papà. Ora non c'è più. Né il mio papà, né la Melegatti che ricordavo».

Non esiste più, è stato sepolto. Complimenti: non ti bastava, cara Melegatti, scegliere un testimonial secondo alcuni discutibile? Era necessario passare per le armi i nostri ricordi di bambini? Ma non è finita qui; ecco un altro capolavoro.

Monica Cirinnà è una senatrice, nonché autrice della legge sulle unioni civili che poi porterà il suo nome. In sostanza in Italia viene sdoganata l'idea di poter scegliere con chi vivere, con chi "essere coppia". Come si può ben immaginare, si tratta di una legge che creerà discussioni infinite, prese di posizione, manifestazioni in piazza, dibattiti in tv. La Chiesa che si schiera a favore della famiglia tradizionale da un lato, le associazioni LGBT (lesbiche, gay, bisessuali e transgender) dall'altro. In sintesi, un caos totale. L'illuminato marketing Melegatti che cosa fa? Pubblica sul proprio social l'immagine di una coppia eterosessuale, di cui si vedono solo mani (che reggono un croissant) e piedi, con questo *copy*: «Ama il prossimo tuo come te stesso, basta che sia figo e dell'altro sesso». Avete letto bene.

Vi lascio immaginare le reazioni delle associazioni di cui sopra. Un vero capolavoro, come detto; ma non è finita.

Tempo due ore e l'azienda esce con questo comunicato: «Con riferimento al post di questa mattina, Melegatti chiarisce che la gestione della comunicazione sui social è affidata a un'agenzia esterna, che ha pubblicato senza autorizzazione da parte dell'Azienda. Melegatti S.p.a. si dissocia dall'operato di tale agenzia, che ovviamente è stata sollevata dall'incarico, e si scusa formalmente con chiunque si sia sentito offeso dal messaggio. Da 121 anni Melegatti è per tutti».

Potrebbe sembrarvi che l'azienda protagonista dell'accaduto si sia scusata e che tutto sia tornato nella norma. No, in realtà quel messaggio, se letto diversamente, dice: Io Melegatti non sono responsabile di quello che è stato pubblicato, perché ho dato l'incarico a un'agenzia che non conosco e che non sono in grado di controllare, altrimenti non avrei fatto uscire un messaggio chiaramente omofobo, per essere costretta poi a fare ufficialmente le mie scuse.

Alla fine, la ciliegina sulla torta.

Due minuti dopo la pubblicazione del comunicato di scuse, il primo commento che compare sul social aziendale, di un utente chiamato G.S., è questo: «Complimenti per la risposta, Melegatti. È raro trovare qualcuno che ammette i propri errori e si scusa».

G.S. è presente su LinkedIn con profilo aperto. La sua mansione è ben evidente nella sua home page: è direttore commerciale e marketing di un'azienda di dolci. Indovinate quale? Se avete pensato Melegatti, avete vinto.

Nel Natale del 2017, Melegatti è tornata nei suoi spot al tema della grande tavolata,

dissacrandolo con leggerezza: nella noia gene-
ralizzata, i bambini migliorano l'atmosfera
soffiando sullo zucchero a velo. Il piccolo risultato del 2018 è stato buono, ma è sufficiente a
cancellare il passato? La pubblicità è il luogo
della menzogna? Forse, o più propriamente,
della storia ben raccontata.

Giudicate voi.

CAPITOLO II

Anche su Internet il supermercato ha la meglio rispetto al negozio?

In tema di commercio online, Internet non è il paradiso che tutti credono. Nel 2017 le vendite in rete hanno registrato incrementi a due cifre. Nessuno sa quale sia il vero valore in percentuale; alcuni azzardano un + 15%, altri un modesto + 12%.

È chiaro che alcuni settori, come la musica o i beni digitali, hanno subìto un rallentamento nella crescita, ma è normale perché si parla di prodotti che totalizzano quasi il 90% delle vendite attraverso la rete.

Chi di noi ormai pensa di comprare un CD musicale, se non per fare un regalo (a volte anche poco gradito)?

Nel mondo delle imprese che producono beni di consumo, come sta andando secondo voi? Dico la mia. Fino a qualche tempo fa – e parlo del 2016 – era indispensabile essere presenti in prima pagina fra i risultati dei motori di ricerca. Ora le dinamiche di acquisto sono cambiate e non sempre il gioco vale la candela. Se un'azienda ha un prodotto rivolto al consumatore finale, forse conquistare la SERP (Search Engine Results Page, cioè la pagina dei risultati di una ricerca eseguita con Google) non è il sistema più breve per vendere.

Realizzare un sito e-commerce richiede poche migliaia di euro, ma da solo non basta ad ottenere un risultato: è necessaria una serie di attività a supporto della vendita. Fin qui niente di nuovo, anche nel mondo reale funziona così. Una vetrina da sola non produce fatturato: esistono agenzie che si occupano di promuovere il negozio, affinché si popoli di clienti.

Ormai il numero di siti ha raggiunto cifre da capogiro ed è difficile emergere, in particolare con i termini giusti per vendere. La vastissima piazza di Internet è in realtà limitata alla prima pagina di Google: dieci posizioni in tutto. Se da queste togliamo i player importanti, come Amazon, resta ben poco spazio. Un mercato così ampio si è ridotto improvvisamente a uno forse non piccolo, ma sicuramente difficile; come complesse sono le logiche di indicizzazione dei motori di ricerca.

Quel che conta oggi è il contenuto che permette al cliente di affezionarsi. Secondo alcune aziende, è sufficiente inserire prodotti su un sito perché gli ordini incomincino ad arrivare. Non è più così; anzi, in realtà non è mai stato così. La soluzione più moderna è in realtà la più antica; ed ora è anche più facile. Le aziende che vogliono vendere un bene di consumo destinato al pubblico faranno certamente meno fatica se affidano il loro business a strutture create ad hoc. La concentrazione degli acquisti sugli e-retailer, Amazon per primo, ci insegna che l'utente medio cerca la comodità e la sicurezza. Un grandissimo supermarket sempre aperto, con un eccellente *customer care* e che consegna in un giorno.

Amazon comunque non è che un esempio. Sono convinto che la sua posizione da leader verrà presto messa in discussione. Vi state chiedendo da chi? Chiunque lo può notare; io comunque non ve lo dirò mai. Ma ho la certezza che stanno già raccogliendo i nostri dati e le nostre abitudini e l'aspetto migliore è che lo stanno facendo con la nostra autorizzazione.

CAPITOLO III

Siti e-commerce: successo o perdita di tempo?

I siti e-commerce sono un investimento di successo o una perdita di tempo? Se lo domandano in molti tra i miei clienti, soprattutto coloro che non hanno ancora notato che il cambiamento *non è in atto*. C'è già stato. È inutile chiudere i centri commerciali, quando Amazon non lo fa mai.

Ho un cliente, per me importante, che ha la sede in un piccolissimo paese della Valsassina, dove la strada finisce. Non puoi capitarci per caso, devi scegliere di andarci. Ci lavoro (seppur in maniera non continuativa) dal 1995 e ricordo che i primi anni mi chiedevo: «Se il primo supermercato è a due ore di auto da qui e mi dimentico di comprare l'integratore alimentare che mi fa tanto bene, che cosa faccio?». Sfido chiunque a trovare un integratore nel negozio di alimentari di un paesino.

Ora, nel 2018, la mia domanda non ha più senso. Interpello Amazon Prime e domani ho l'integratore a casa mia. Inoltre, se sono un consumatore abituale di quel prodotto, Amazon mi propone il *dash button*, che registra i miei acquisti ricorrenti e in automatico me li ripropone.

"Certamente, è Amazon però", direte voi.

Pur non arrivando a tali livelli, è comunque possibile realizzare e-commerce di buona qualità.

Che cosa intendo, innanzitutto, per "sito e-commerce di successo"? Ci sono aziende che si sono arrangiate a fare il loro primo sito (non e-commerce) e questo è già motivo di orgoglio, soprattutto se paragonato a realtà che spendono cifre importanti (ma loro sono più furbi).

Ci sono poi aziende che, per sopravvivere, devono vendere quotidianamente; alcune in punti vendita, oltre che on-line.

Per comodità quindi facciamo subito una distinzione tra chi vuole trarre profitto "diretto" on-line, e chi invece vuole dal web soltanto nuovi contatti e nuovi clienti. La distinzione è fondamentale, perché sono contesti che si differenziano sia dal punto di vista strategico, sia come obiettivi.

Premessa. Vendere on-line non è così semplice e se si pensa di creare un sito che produca migliaia di euro spendendone poche, forse si ha una visione distorta di che cosa voglia dire fare e-commerce.

Chi vuol concludere tante vendite in poco tempo, puntando solo su una logica di prezzo, è destinato a un flop. Facciamo un esempio: se tuo cugino con tremila euro ti apre un e-commerce, stai regalando tremila euro a tuo cugino. Non si tratta di un'attività imprenditoriale.

Un negozio on-line ha le stesse dinamiche di un negozio "fisico", con le sue spese (certo oculate), con le attenzioni e la cura che ne conseguono. Ci vuole un progetto che stabilisca azioni, tempi e ruoli. Se ho una panetteria, ho bisogno di chi sta al banco, ma anche di chi produce il pane, di chi tiene pulito il negozio, di chi si preoccupa di ordinare la farina e il lievito. E ancora: di chi si occupa di controllare il bilancio economico e di stabilire se la mia attività sta guadagnando oppure no.

Allora perché, invece, se mi metto in testa di aprire un sito e-commerce, mi sento autorizzato a non dover programmare niente?

Un buon sito e-commerce deve necessariamente prevedere:

- *Analisi del mercato*. Il web ha ridotto le distanze. Comprare dalla Cina equivale a comprare da Parigi o da Roma; persino da Bordighera. Con la differenza che il costo del lavoro dei cinesi non è proprio come il nostro.

- *Un progetto di sviluppo*. È necessario individuare quali strumenti utilizzerò per proporre il sito all'interno di un panorama affollatissimo. Esistono quattordici miliardi di siti recensiti da Google. Perché il mio dovrebbe emergere rispetto agli altri?

Sono molte le domande che l'imprenditore si deve porre: sono consapevole delle spese di gestione dell'ordine? E di reso? Quali sono i costi di trasporto? I tempi? I limiti di peso di ciò che posso spedire?

Potrei andare avanti almeno un'ora a descrivere le attività che devono essere pianificate e realizzate prima dell'incarico di aprire il sito e-commerce dato al cugino (il cui valore, se ricordate, era tremila euro). Le variabili, come si vede, sono numerose.

Tutto questo per dire che non esiste una risposta alla domanda espressa nel titolo di questo capitolo: le attività, anche nell'*era digitale*, vanno pensate, analizzate, messe sulla carta e poi si inizierà a lavorare. In poche parole serve una strategia. Per buona pace del cugino.

CAPITOLO IV

Come nasce un progetto

Vi chiederete come nasce il progetto di un sito. Vi rispondo raccontandovi la storia di un mio cliente.

Ho un ricordo curioso di come il mio approccio al web è cambiato in questi anni. Certamente si tratta dello specchio di un processo di maturazione (non saprei dire se mio o del mercato), che è opportuno ricordare. Attraverso un contatto che mi procurava interlocutori con i quali poi lavorare, ho avuto modo di dialogare con un'azienda che produce incarti in materiale plastico. Tecnicamente si chiamano *sleeves*: per esempio le coperture dei barattoli degli shampoo, oppure delle confezioni dell'ovetto.

L'azienda è molto forte, conosciuta e riconosciuta leader nel mercato, sia italiano, sia estero.

Hanno però un problema di anzianità, del management come dell'immagine: è percepita come azienda di qualità, ma un po' obsoleta nella gestione generale. Il marketing poi è inconsistente: organizzano qualche fiera qua e là, ma nulla di più di una presenza istituzionale, che ha un poco odore di stantio, per così dire.

Eseguo tutti gli studi del caso, cerco di capire quali mercati si potrebbero aprire attraverso il web, quali strumenti utilizzare e mi ritrovo a costruire un progetto che, a mio avviso, può stare in piedi.

Lo preparo e lo lascio in standby per alcuni giorni: è una tecnica utile a estraniarsi dall'effetto novità che mi entusiasma sempre e mi impedisce di vedere i difetti del mio progetto. Dopo varie modifiche e aggiustamenti, mi sento finalmente pronto per andare a presentarlo in azienda. Nel frattempo è trascorso un mesetto.

Chiamo il mio contatto e gli chiedo di fissare un incontro. Il giorno previsto mi presento in azienda con il mio personal computer, sicuro di fare una buona impressione dato che il progetto è stato pensato bene. Mi aspetto di parlare con il responsabile commerciale (il marketing non esiste al momento del contatto), nel suo ufficio. Si trattava di un ambiente a scopo operativo, senza fronzoli, molto pratico, con un tavolino rotondo a lato, dove nel corso della precedente riunione avevo preso appunti. Invece, inaspettatamente, mi si presenta l'intero comitato direzionale, compresa la proprietà: tutti incuriositi da quel personaggio che prometteva azioni innovative (nel 2007). Poco male, penso, dato che qui ci sono tutti, decideranno di partire con il progetto.

Inizio con la presentazione della loro situazione nello scenario digitale che, a differenza di quello reale, li vede evanescenti. Mostro i concorrenti tradizionali (anche loro inesistenti) e quelli digitali, molto ben posizionati. Illustro altresì le ricerche registrate dai motori di ricerca alle quali noi avremmo potuto dare una risposta (e spiego come). Presento un piano strategico e operativo con tempi, attività, criticità e azioni correttive; uno schema che, a mio avviso, avrebbe portato a conquistare un mercato digitale in tre anni, con un interessante R<small>OI</small> (*Return On Investment*) ipotizzabile, anche se non prevedibile. Circa un'ora di presentazione e un dialogo con una decina di persone: ecco come nasce un nuovo progetto; ma non tutte le rose fioriscono.

Alla fine il responsabile commerciale, che credevo avesse apprezzato il progetto, pronuncia una frase al cui ricordo ho i brividi: «Ok, Maggioni, partiamo, ma attenzione: non tocchiamo il sito». Abbandonai la partita. Non se ne fece più nulla.

L'insegnamento da trarre è che in quell'occasione non ho compreso che il mio interlocutore non era ancora pronto. Le situazioni, del resto, non sono soltanto bianche o nere; c'è un'infinita serie di sfumature, tonalità di grigi. Oggi avrei preso quell'occasione al volo iniziando a lavorare su siti paralleli, domini alternativi, indicizzazioni in remoto, senza che il nome dell'azienda uscisse in alcun modo. Se anziché utilizzare il dominio www. azienda.it avessi usato un dominio registrato appositamente (www.imballiplastici.it oppure www.sleeves.it), avrei certamente portato a termine l'incarico con ottimi risultati e solo in un secondo (o terzo) momento avrei collegato questo/i dominio/i all'azienda principale.

Un caso analogo riguarda un'azienda di formaggi per la quale ho lavorato. Al fine di non mettere in discussione il loro *web profile*, ho creato un dominio parallelo; dopo tre anni ho svelato chi c'era dietro a quel brand, ma soltanto quando il nuovo aveva ottenuto una sua ragion d'essere.

Spendiamo qualche parola in più al fine di definire il concetto di *sito parallelo*.

Mi contattarono dall'azienda di formaggi nel 2014. Avevano la sensazione che il mondo di Internet probabilmente avrebbe potuto dar loro soddisfazione, ma non lo conoscevano e non ne comprendevano le dinamiche. Quell'ambito virtuale per loro era un'incognita, ma si sarebbero fidati del consulente (noi) sia per la soluzione tecnologica, sia per preservare il loro nome dai possibili giudizi dei *competitor*. La valle nella quale opera il cliente è nota per la produzione di formaggio: ci sono i più importanti produttori di taleggio, ma non soltanto. Come in tutte le piccole realtà territoriali, le malelingue parlano, a volte anche soltanto per invidia.

La prima preoccupazione chiaramente è quella di non fare brutta figura, ma allo stesso tempo bisogna far emergere un possibile mercato. È un'operazione difficile a causa della diffidenza dei consumatori; inoltre va tenuto presente che in questo settore la catena del freddo comporta costi elevati di trasporto.

Uscire "in chiaro" con un sito e-commerce a nome dell'azienda – che chiameremo Formaggioni – avrebbe esposto l'azienda stessa a una serie di "opinioni non richieste", prima fra tutte quella espressa dagli *stakeholder* (soggetti coinvolti, direttamente o indirettamente, in un progetto o nell'attività di un'azienda. Letteralmente, "coloro che hanno la posta in gioco").

Poi quella dei clienti, che potenzialmente può essere negativa, e infine dei dipendenti che, in una piccola valle, hanno sempre il fratello o il cugino impiegato presso un concorrente.

Si è deciso quindi di dar vita a un sito parallelo, non immediatamente riconducibile a loro: quindi a registrare un marchio anonimo e due domini altrettanto anonimi. Perché due? Il primo risponde al nuovo marchio (*brand*), che potremmo chiamare www.casaro. eu; il secondo invece risponde a logiche di indicizzazione SEO: per esempio www.vendiamoformaggibuoni.it.

In questo modo abbiamo aperto un sito che agli occhi del pubblico costituiva una delle tante realtà web che si proponevano di vendere formaggi. In quel primo anno, nulla riconduceva a Formaggioni; nemmeno le confezioni (che oggi hanno un packaging in chiaro, con il logo) erano presenti in fase di *start up*. C'era solo un *food click* (lo scatto del formaggio nudo).

Dopo aver scelto la giusta strategia, rimane da conquistarsi, faticosamente, un pubblico vergine. Sarebbe stato più facile affidarsi alla riconoscibilità di un marchio già presente nella Grande Distribuzione Organizzata (GDO), ma ciò, per le ragioni illustrate, era rischioso.

Abbiamo lavorato bene. Promozione attraverso le indicizzazioni SEO e iscrizione alla newsletter. Consegna gratuita, prezzi convenienti e "balzelli logistici" (come la confezione) affogati, per così dire, nel prezzo di vendita. Confezioni strenna pensate appositamente per le aziende. Promozioni estate/inverno, a seconda delle preferenze rilevate negli acquirenti e un occhio alla salute.

Soltanto dopo due anni, quando il sito era ben avviato (quando li lasciai dopo tre anni, alla fine del 2017, il fatturato web era consolidato a qualche decina di migliaia euro), ci siamo messi in chiaro. Abbiamo quindi modificato il logo del caseificio inserendo anche quello della Formaggioni e abbiamo aggiunto il packaging. Avevamo fatto web marketing senza intaccare il sito www.formaggioni.com, lavorando in parallelo su siti e domini diversi.

Ma entriamo nel dettaglio: vorrei spiegare come si svolge il mio lavoro.

Per quattro o otto ore alla settimana sono in attività a nome e per conto dei miei clienti. Sono talmente coinvolto che negli incontri con i possibili partner dei clienti spesso mi confondono con la proprietà, o mi considerano un parente dei medesimi (all'inizio volevo chiamare la mia società *chameleon*, "camaleonte" in inglese).

Al lunedì sono in un'azienda di filtri per otto ore; al martedì mattina lavoro per il ferramenta e al pomeriggio per un'azienda di armadi metallici (*rack* e pulpiti per macchine utensili). Il mercoledì mattina sono al consorzio che produce forbici, mentre nel pomeriggio mi trovo in un'azienda di generi alimentari. E così via. Ciò avviene sempre con l'ausilio di uno o due collaboratori, che mi affiancano.

Mi occupo del pensiero creativo e degli strumenti, ma non entro nello specifico.

Non sono un tecnico e non lo voglio diventare; a cinquant'anni sarebbe comunque difficile e non mi interessa. Penso a quanto possiamo fare per i clienti, quali attività far partire e come monitorarle. È indispensabile realizzare il progetto creativo (la strategia, non graficamente) e poi allontanarsi: fare tre passi indietro e ammirare l'opera con la dovuta prospettiva. Altrimenti si viene fagocitati dal progetto stesso e si perde la capacità critica.

Periodicamente, infine, mi confronto con i miei collaboratori, che nel frattempo hanno portato avanti il progetto, e ne verifico le *milestone* (letteralmente, le "pietre miliari"), per modificarlo in corso d'opera.

Ogni progetto, del resto, è a sé stante: non esiste replica.

Purtroppo il concetto difficile da far passare quando si dialoga con il cliente è il fatto che mi sta dando un incarico al buio. In quel momento non compra un prodotto, un progetto. In realtà neppure io so che cosa potrà servirgli prima di "aprire il cofano": si deve fidare.

Il cliente si deve affidare a noi chiaramente con il confronto costante, ed è per questo che almeno una volta alla settimana ci si deve incontrare. Conosciamo, analizziamo, verifichiamo e poi modifichiamo. Questo è quello che facciamo.

Capitolo V

Il caso e la statistica

I tentativi di definire, attraverso leggi matematiche e fisiche, i processi presenti in natura sulla Terra e nell'universo, hanno sempre dato vita a ulteriori domande.

Osservando per esempio la crescita delle foglie o delle barriere coralline, la traiettoria delle correnti marine o il profilo geomorfologico delle montagne, si è cercata una regola matematica in grado di descriverli. Ci è riuscita la "teoria dei frattali" di Benoît Mandelbrot.

Il matematico polacco, nato a Varsavia nel 1924 e morto a Cambridge nel 2010, li scoprì per caso. I frattali sono figure geometriche caratterizzate dal ripetersi all'infinito di uno stesso motivo su scala sempre più ridotta. La loro esistenza servirebbe a dare un senso allo sviluppo di forme apparentemente caotiche, come gli alberi o le coste marine, le nubi, i cristalli di ghiaccio e alcuni fiori.

In realtà questi fenomeni naturali non possono essere totalmente controllati. Molteplici sono le condizioni esterne in grado di alterarne la crescita prevista. I processi che li determinano sono complessi e le leggi che li governano sono per ora sconosciute. Per tale motivo si fa riferimento al concetto di *caos*.

Per cercare di comprendere i processi nonostante la destabilizzante presenza del caos, si ricorre a una disciplina particolare: la statistica, che ricopre da sempre un importante ruolo all'interno delle previsioni economiche delle società umane.

Recentemente questa disciplina ha dovuto fare i conti con l'insorgere dei Big Data, un flusso ininterrotto e in continuo aumento di informazioni e di dati che, grazie al web, raggiunge una mole tale in termini di volume, velocità e varietà, che studiarli richiede tecnologie e metodi analitici specifici. La loro acquisizione, gestione, conservazione, condivisione, analisi e visualizzazione necessita di strumenti diversi da quelli tradizionali.

Conoscere i processi attraverso le formule matematiche

Nell'era del web la statistica deve fare i conti, come detto, con i Big Data.

Ma come ci si deve comportare quando le informazioni da gestire diventano immense, incontrollabili e costantemente mutevoli?

A tale proposito, è utile rifarsi all'approccio di Guglielmo di Ockham, frate francescano, teologo, filosofo, nato nel 1285 in Inghilterra: «Non moltiplicare gli elementi più del necessario. Non considerare la pluralità se non è necessario. È inutile fare con più ciò che si può fare con meno».

Questo principio, noto come *Rasoio di Ockham*, è considerato la base del pensiero scientifico moderno. Sottolinea l'inutilità di formulare più ipotesi di quelle veramente necessarie per spiegare un fenomeno, una volta che quelle iniziali siano sufficienti. La metafora del rasoio rende l'idea dell'eliminazione, con veri e propri tagli, delle ipotesi più complicate, privilegiando l'approccio più semplice, senza scadere nella superficialità o nell'imprecisione.

Questo approccio può eliminare una serie di incognite e ostacoli che si presentano nello studio dei Big Data e può essere sintetizzato con una domanda: perché pensare alle conseguenze se non si è ancora agito? Ci si può arrovellare per ore su quello che può accadere in seguito a un'azione insignificante, ma finché non si fa nulla, non si potrà mai sapere a che cosa si va incontro.

Perché complicare quello che è semplice?

Perché non sfruttare le opportunità offerte dai nuovi mezzi di comunicazione per produrre un messaggio immediato e comprensibile, organizzato secondo uno schema preciso, che lasci anche un po' di libertà al caos, prevedibile ma in grado di riservare sempre qualche sorpresa?

Ockham fu un pensatore assolutamente rivoluzionario. È attuale anche oggi, in una realtà estremamente complessa e continuamente soggetta a variabili in grado di stravolgere lo scenario mondiale. La sua lungimiranza però gli fu fatale: venne accusato di eresia, processato dall'Inquisizione e addirittura scomunicato dal papa.

Simile destino è toccato a Nikolaj Dmitrievič Kondrat'ev, economista sovietico nato nel 1892 e prematuramente scomparso, durante la Grande purga, a causa delle sue rivoluzionarie teorie, che contrastavano con quelle imposte dal regime. A lui si deve un innovativo approccio in grado di prevedere gli squilibri dei mercati. È stato riabilitato cinquant'anni dopo la sua morte, con la nascita di una fondazione internazionale che porta il suo nome. Tra le sue teorie, quella delle onde (o più semplicemente onde K) è sicuramente la più nota, studiata e rielaborata. Le onde K sono cicli regolari di durata oscillante dai cinquanta ai settant'anni e consistono in fasi alternanti ascendenti e discendenti, alle quali corrispondono rispettivamente periodi di crescita rapida e momenti di depressione.

Gli economisti definiscono questi andamenti "stagioni":

• *Fase estiva* (o espansione): determinati cambiamenti sociali permettono un picco.

• *Fase autunnale* (o recessione): l'aumento del credito crea una falsa condizione di crescita, che si conclude con una bolla speculativa.

• *Fase invernale* (o depressione): un eccesso di capacità produttiva causa una fase discendente; ne consegue la depressione economica.

• *Fase primaverile* (o ripresa): periodo favorevole, aumento dell'inflazione e nuovo sistema di produzione.

Diverse scuole di pensiero hanno cercato, nel tempo, di individuare le cause scatenanti di questi lunghi cicli, che si riscontrano nelle economie basate sul capitalismo; spesso sono state identificate con le innovazioni di portata mondiale, le crisi economiche e le guerre. Teorie più innovative riconoscono l'influenza anche di piccole invenzioni che finiscono per provocare vere e proprie rivoluzioni tecnologiche.

Uno dei più eminenti studiosi della Teoria delle onde di Kondrat'ev è Giancarlo

Pallavicini, economista che ricopre il ruolo di vice presidente della Fondazione Internazionale Kondrat'ev di Mosca/San Pietroburgo. Si sostiene che le onde siano in realtà più libere di quanto creduto fino a oggi: i cicli lunghi, infatti, avvengono indipendentemente da eventi straordinari come guerre o invenzioni rivoluzionarie, perché vivono di una propria forza che rende la loro realizzazione autonoma.

Superate le inevitabili differenze riscontrabili nelle interpretazioni dei vari teorici delle onde K, si può comunque sostenere il paradigma che prevede l'identificazione di cinque periodi nell'evoluzione dell'industria, ai quali si aggiunge il sesto in corso.

• *Rivoluzione industriale 1771-1830* (sessanta anni circa): in Inghilterra si manifestano i primi sviluppi della siderurgia, basata sul carbon fossile e dell'industria tessile, basata sul vapore. Queste novità causano la concentrazione delle attività industriali, fino a quel momento frammentate in piccole officine e laboratori, in grandissime fabbriche.

• *Vapore e ferrovie 1830-1885* (cinquantacinque anni): sempre in Inghilterra, un'importante applicazione del vapore ai trasporti ferroviari e marittimi permette la nascita di nuovi impianti industriali, localizzati in posizioni centrali e strategiche.

• *Acciaio, elettricità e ingegneria pesante 1885-1935* (cinquanta anni): avviene il passaggio del primato industriale dall'Europa agli Stati Uniti, sostenuto dall'invenzione dell'elettricità, del telegrafo, del telefono e del motore a scoppio.

• *Petrolio, automobile e produzione di massa 1935-1980* (quarantacinque anni): si sviluppano l'industria petrolchimica e quella ad alta tecnologia: televisione, hi-fi, aerospazio, fibre sintetiche, elettronica.

• *Informatica e telecomunicazioni 1981-2013* (trentadue anni): l'economia è basata sull'informazione e sulla ricerca di modi sempre più diretti per legare l'industria ai servizi, in particolare nel mondo asiatico: creazione di software, biotecnologia e robotica.

La sesta, quella contemporanea, è dedicata al web.

Come ben sappiamo, si sta già evolvendo verso una forma ancora più intelligente e potenziata, in grado di penetrare tutti i livelli delle nostre vite: il web 4.0.

Se si decide di condividere la Teoria delle onde K, il ciclo attuale è ancora in fase di espansione, in particolare per quanto riguarda la domanda di materie prime da parte dei mercati emergenti di Cina e India. Lo scenario, comunque, rimane estremamente mutevole e imprevedibile.

Si può così osservare come i cicli stiano diventando sempre più corti e la loro curva sempre più stretta.

Il significato di questo fenomeno è semplice da interpretare: i cambiamenti sono sempre più rapidi e bisogna capire come adattarsi per non esserne sopraffatti. Di qui, le nostre trattazioni pratiche.

Dicono di me

All'inizio c'è stato il passaparola: abbiamo conosciuto Giorgio Maggioni tramite amici. Poi abbiamo approfondito la conoscenza, lavorando insieme. Le sue proposte erano utili e le abbiamo applicate con successo.

Che dire della sua personalità e del suo modo di lavorare? È un professionista. Procede per obiettivi ed è molto esigente verso se stesso. È stato in grado di cogliere, e a volte anticipare, le nostre necessità.

Se ha qualche difetto? È eccentrico, se di difetto si può parlare: è un personaggio.

Che cosa possiamo consigliargli? Di dimostrare maggiore empatia nei confronti degli interlocutori, di mettersi nei loro panni.

Con lui abbiamo discusso vari progetti, ma ci siamo concentrati in particolare su quello relativo alla vendita on-line dei nostri prodotti, sviluppando sia il B2B che il B2C. Nell'ambito B2B abbiamo raccolto risultati interessanti. Nel B2C siamo appena partiti: si attendono esiti brillanti. Abbiamo creato con lui una pagina/

profilo Facebook destinata agli utenti privati, attraverso la quale abbiamo "pubblicizzato" vari prodotti di nostra commercializzazione; inoltre ci ha fornito spunti di lettura interessanti. La collaborazione dura ormai da alcuni anni.

NICOLETTA ROTA, *Ferramenta Venerota.*

CAPITOLO VI

Ma quanto è vicina la Cina?

Sembrerà un paradosso, ma d'altronde viviamo in un periodo di contraddizioni. Se da un lato le imprese arrancano nel superare questo momento di crisi, dall'altro un gruppo di "nuovi carbonari" si augura tempi bui ancora per molto. Salvaguardare il proprio ruolo all'interno dell'organigramma sembra più importante del salvare le aziende stesse, con la scontata conseguenza che, se l'azienda non trova nuovi sbocchi di mercato, chiude i battenti. Da qui, la disoccupazione.

Perché solo il 5% delle aziende italiane gestisce e sfrutta le potenzialità di Internet? È diffusa una storiella: una signora addetta alle pulizie, per dimostrare quanto il suo licenziamento fosse ingiusto, andava a sporcare laddove la sua sostituta puliva. Ecco che la storia si ripete, anche se cambia il terreno di scontro.

Oggi è possibile individuare infiniti mercati utilizzando gli strumenti che la rete ci mette a disposizione, ma nelle imprese c'è ancora il vecchio venditore che, al grido di «Se non esco io con la valigetta, gli ordinativi non arrivano», si ostina a rifiutare tutto ciò che è nuovo e sconosciuto. Di conseguenza, un nemico che invade il suo stesso territorio.

Il Governo, attraverso il Ministero dello Sviluppo economico, con il progetto Industria 4.0 ha voluto stimolare le aziende a cavalcare l'innovazione e salire sul carro della quarta rivoluzione industriale. Iper e super-ammortamento, Legge Sabatini e credito d'imposta, sono solo alcune delle agevolazioni che possono servire alle imprese per l'innovazione di sistemi e attrezzature.

Gli studi pubblicati dai grandi *player*, che analizzano e monitorano i cambiamenti storici, identificano nella cosiddetta "rivoluzione digitale" il nuovo corso dell'impresa. Niente confini, niente costi di trasferte, niente reti commerciali classiche, ancora troppo spesso in Italia affidate a percorsi che di programmato hanno ben poco. Un tessuto imprenditoriale che si rifà ai modelli di successo dei fondatori di impresa (anni Settanta), ma che non si rende conto che i tempi sono cambiati.

Tante volte – troppe – mi sono ritrovato in aziende che hanno ancora ritmi, tempi e metodologie riconducibili alla Prima Repubblica. Orari di fabbrica fissi e predeterminati, produzione priva di valore intellettivo e con poca possibilità di miglioramento e, infine, reparti commerciali inchiodati alla poltrona. Cinquantenni, o persone anche più avanti negli anni, che si ostinano a dire: «Siamo sempre andati avanti così, perché dovremmo cambiare?». Sessantenni in attesa della pensione – che all'azienda costa di più lasciare a casa piuttosto che dar loro uno stipendio – sono stanchi e spaventati dall'uso di uno smartphone. Ma come possiamo pensare di competere con la Cina, dove la sfida ormai si è spostata dalla produzione di beni all'incubazione di cervelli? Non braccia che lavorano, ma teste che pensano. Il passo è breve.

Il Governo cinese sta affrontando la sfida dell'impresa con i modelli che l'hanno vista vincere in questi anni: un piano decennale iniziato nel 2013, che ha previsto un investimento di 250 miliardi di dollari, e che oggi vede sfornare dalle proprie università un esercito agguerrito e competitivo. Otto milioni di ingegneri all'anno, pronti a trasferirsi in Europa. Nel 1996 i laureati in età da lavoro erano il 16%; ora sono il 63%. In vent'anni la società è cambiata, sebbene conservi ancora sacche di povertà estrema. La Cina è molto, molto vicina.

Quando ero bambino girovagavo per le vie di Lecco e sentivo i rumori provenire dalle piccole officine che producevano minuterie metalliche per gli usi più svariati. Molto spesso per l'industria automobilistica che per me, ragazzino di otto o dieci anni, era il simbolo della grandissima impresa. Sembrava che quel periodo non potesse terminare mai. Lavorare per la FIAT era un orgoglio e al contempo un riconoscimento alla qualità dei manufatti. Poi le prime chiusure, l'aumento del costo del lavoro e la mancanza di rinnovamento. Ecco che torniamo a parlare, come appare chiaro, di Kondrat'ev e dei suoi cicli. Dopo una fase crescente e di accumulazione, ne arriva una decrescente. Come abbiamo visto, è necessaria una nuova fase di accumulazione (Kondrat'ev l'aveva prevista già per gli inizi del Novecento).

Le nostre aziende, dunque, non sono destinate a chiudere, poiché c'è ancora un territorio in cui si può competere.

Ci vuole coraggio e fantasia, anche se il coraggio non è tutto e soprattutto non è un patrimonio in esclusiva. La fantasia, però, lo è. Noi italiani siamo riconosciuti come i migliori *problem solver* al mondo; non si spiegherebbe altrimenti perché i nostri ragazzi sono così richiesti all'estero. Ma bisogna che la classe dirigente delle aziende dia fiducia ai nuovi media, Internet certo, ma anche i grandi web-retailer. Che cosa accadrà quando un ragazzo che oggi ha quindici anni e che è nato con uno smartphone in mano entrerà a far parte del mondo del lavoro? Se sarà impiegato in un ufficio acquisti, dove penserà di cercare i propri fornitori?

Non ricordo chi l'ha detto ma, se voglio mangiare le olive fra cinque anni, dobbiamo piantare l'albero oggi. Ecco, negli ultimi anni, io e il mio team abbiamo aiutato decine di piccole imprese ad avere un nuovo ciclo, un nuovo mercato di sbocco. Solo dal 2013 a oggi, in poco più di quattro anni, siamo riusciti a creare anche qualche posto di lavoro. Basta crederci e studiare. A testa bassa.

CAPITOLO VII

I big buyer del futuro

Un decennio fa circa si è svolta una ricerca che aveva per oggetto di studio coloro che sono mantenuti dai genitori perché non hanno (ancora) un reddito proprio.

Lo scopo era osservare i cambiamenti nelle abitudini di acquisto degli individui che appartengono all'ampia fascia d'età che va dai 7 ai 28 anni.

Il contributo che ricevono, ovviamente, aumenta in modo considerevole con la crescita, ma quello che più ha attirato l'interesse dei ricercatori è il mercato nel quale i ragazzi decidono di finalizzare le loro possibilità economiche.

Nonostante questa ricerca risalga a diverso tempo fa, è comunque interessante notare che già all'epoca le disponibilità dei giovani erano canalizzate in gran parte verso la telefonia o, comunque, verso le tecnologie di comunicazione che consentono l'accesso a Internet.

A questo proposito, è curioso notare che, tra le attività che si compiono maggiormente con il cellulare non si trovano le chiamate, quella che inizialmente era la funzione principale dell'oggetto. Spiccano, invece, la messaggistica istantanea, l'utilizzo di browser per navigare e dei social network, l'ascolto di musica e altre utilità consentite dalle applicazioni.

La possibilità di scattare foto o video in altissima definizione, la localizzazione satellitare sempre più efficiente e una connessione sempre più veloce non sono semplici modifiche hardware dell'apparecchio che utilizziamo, ma rappresentano la *reason why*, il valore intrinseco di questa insostituibile tecnologia.

Assolutamente innovativo è stato lo sviluppo di alcune applicazioni come Spotify che, colpendo nel segno la domanda degli utenti, consente di ascoltare musica gratuitamente, grazie alla connessione.

A questo si aggiungono la tv mobile (che sta però cedendo il passo ad altre attività, come lo streaming o il downloading pirata) e il mobile shopping, la chiave del web marketing.

Questa piccola, ma interessante, raccolta di dati porta a chiedersi che cosa succederà quando i ragazzi di oggi entreranno nel mondo del lavoro e, quindi, potranno disporre di una maggiore liquidità economica: come sarà impiegata dai *big buyer* del futuro?

Il cambiamento globale, che ha cominciato a farsi strada nelle tecniche di acquisto fin dal 2004, riguarda un nuovo modo di far fronte perfino alle necessità quotidiane. Ciò ha portato a una nuova tipologia di consumatori, sempre più fluidi e in movimento, che approfittano del grandissimo potenziale dei *device* mobili e della loro perenne connessione a Internet.

La rete è entrata a far parte della nostra vita quotidiana, tanto che da quello che era definito "Internet delle persone" si è passati alla fase successiva: "Internet delle cose", web 3.0 o ubiquità della rete.

La sua caratteristica principale è di essere disponibile praticamente ovunque: ne consegue la nostra sensazione di perenne connessione al mondo virtuale.

Un esempio è l'applicazione sviluppata da Amazon per gli smartphone: consente di leggere i codici a barre dei prodotti che troviamo nei negozi, al fine di confrontarne il prezzo sull'immensa piattaforma di shopping on-line.

Ciò provoca un danno occulto, dovuto al fatto che il consumatore approfitta delle competenze e dei consigli dei commessi di un negozio al dettaglio, per poi acquistare sul portale web.

Questo fenomeno è facile da comprendere, in particolare alla luce dei grandi cambiamenti che si sono presentati nel modo di fare acquisti nel passaggio dal mercato "ante web" a quello virtuale.

Un tempo, per acquistare qualcosa appena fuori dalla propria regione, bisognava fare una lunga serie di telefonate. Si riceveva un campione di merce che, se corrispondeva alle richieste, determinava un ordine. Se invece non era conforme alle aspettative, la ricerca doveva ricominciare con altri tentativi e l'impiego di ulteriore tempo.

Ma le 4P funzionano ancora?

Erano gli inizi degli anni Sessanta quando il professor Jerome McCarthy si presentò agli occhi del mondo con la Teoria delle 4P del marketing.

Contrariamente a quanto si crede, il noto modello delle "Quattro P" del marketing mix — *Product* (prodotto), *Price* (prezzo), *Place* (punto vendita), *Promotion* (promozione o comunicazione di marketing) — non è stato introdotto da Philip Kotler, anche se a lui si deve gran parte della popolarità e della sua diffusione.

Le 4P sono state le regole sulle quali i responsabili marketing delle aziende hanno fondato le proprie azioni, per generazioni. Erano però gli anni Sessanta. In Italia si andava in giro con la Fɪᴀᴛ 600. Appunto. Ma ora, sessant'anni dopo, queste regole funzionano ancora? Pensateci bene. Fino alla fine del secolo scorso – e stiamo parlando di quasi venti anni fa (anche se sembra ieri) – che cosa sapeva un potenziale cliente del prodotto che voleva acquistare? Poco, secondo me. Forse, se era particolarmente interessato e il bene desiderato era condiviso con una grande parte di pubblico, si poteva informare attraverso riviste o fiere. Ma tutto finiva lì.

Oggi quante informazioni otteniamo prima di procedere all'acquisto? Tante; forse troppe. Sarà capitato anche a voi. Prima di andare in un nuovo ristorante, chi non ha l'abitudine di consultare le recensioni? Se devo comprare una nuova auto, non leggo più «Quattroruote» ma mi informo in rete, attraverso le opinioni degli utenti che hanno già fatto quell'acquisto.

Certo, lo sanno bene quelli che fanno il mio mestiere: le informazioni on-line, le temute *recensioni*, possono essere stimolate, guidate, a volte false. Ma il più delle volte no. Se acquisto un bene, qualunque sia il suo prezzo, mi aspetto che ciò che ho comprato soddisfi le mie necessità. Quando questo succede, non ho lo stimolo di andare on-line e parlarne bene: è scontato che l'oggetto o il servizio acquistato soddisfino la spesa. Ma se questo non si verifica, allora si instaura nel compratore, che si sente truffato o quantomeno preso per i fondelli, un sentimento di rivincita. E allora via libera ai "draghi da tastiera" che, dato che scrivere è più facile che parlare, danno sfogo alle loro, seppur giustificate, critiche. Le recensioni negative sono un fiume in piena, uno tsunami, che non si può fermare. L'unica cosa che si può fare è cercare di arginare il fenomeno. Proprio come un fiume in piena, appunto.

Ecco allora che la P di *place* (punto vendita o punto distribuzione) del grande Jerome è diventato uno spazio infinito e difficilmente controllabile. L'intera rete può parlare bene o male di ogni singolo prodotto in uno spazio infinito di forum, blog, siti. È quindi chiaro che diventa indispensabile una figura che fino a qualche anno fa era inesistente: il gestore delle unità di crisi on-line. Sì, avete capito bene.

Potrebbe sembrare eccessivo, certamente, ma parlare male di un prodotto potrebbe decretarne prematuramente un "pensionamento", arrivando fino a trascinare nella voragine l'intera azienda che produce quel bene o servizio. La rete è piena di queste esperienze. Ma che cosa fa un gestore dell'unità di crisi? Innanzitutto analizza e tiene sotto osservazione la popolarità e il grado di soddisfazione che c'è dietro a un brand. Cerca di capire come interagire con le persone che parlano del prodotto.

Credo che sia le recensioni positive, quasi sempre stimolate, sia quelle negative, se ben gestite ricoprano un importante ruolo di megafono per la popolarità delle aziende. Ma, attenzione: il ruolo di un professionista che conosce equilibri, dinamiche e regole della rete è oggi quanto mai indispensabile.

Fino agli anni Novanta era abitudine dire: «Bene o male, purché se ne parli». Appunto, negli anni Novanta. Quasi trent'anni fa. A quell'epoca si andava in ferie con la FIAT Ritmo.

CAPITOLO VIII

I motori di ricerca

Un motore di ricerca è un sistema automatico che analizza un insieme di dati (spesso raccolti dal motore stesso), per poi restituire un indice dei contenuti disponibili, classificandoli grazie a formule statistiche e matematiche, che ne indicano anche il grado di rilevanza in base alla chiave di ricerca inserita.

Ne esistono veramente moltissimi attivi oggi e il più noto nel mondo occidentale è Google, che deve la sua fortuna anche ai numerosi strumenti accessori e di monitoraggio del traffico virtuale che mette a disposizione. È gestito da compagnie private, che utilizzano algoritmi dei quali sono proprietarie e database segreti.

Il lavoro dei motori di ricerca è diviso principalmente in tre fasi: analisi, catalogazione e risposta.

Durante la prima fase di studio del campo di azione, il motore utilizza quelli che sono chiamati *crawler*: software appositi che analizzano i contenuti di una rete o di un database attraverso una metodologia particolare, adattata per questo scopo.

Mentre agisce sul web, il *crawler* visita una lista di URL, identificando tutti i collegamenti ipertestuali (o *hyperlink*) presenti nel documento. Secondo criteri che variano in base al motore di ricerca, le pagine analizzate vengono poi indicizzate, cioè inserite nel suo database.

L'ultima fase, quella della risposta, propone l'elenco dei siti trovati in ordine di rilevanza rispetto alla richiesta che l'utente ha inviato.

A questo punto bisogna comprendere secondo quale criterio vengono ordinate le pagine web che hanno un qualche legame con la parola che l'utente digita nel motore di ricerca.

Per stabilire il rilievo di un sito, viene cercata nella sua struttura la keyword richiesta dall'utente, dopodiché ogni motore sfrutta i propri algoritmi per classificare le pagine trovate.

Controlla, per esempio, quante volte la keyword viene ripetuta nella pagina, dov'è posizionata, quanti link riceve il documento, quanti siti del database contengono link verso quella pagina o quante volte un utente ha visitato quel sito dopo una ricerca.

È importante sottolineare che gli algoritmi dei primi motori non funzionavano come quelli di oggi: funzionalità ridotta e tempi limitatissimi, posizionamento basato sull'anzianità della pagina e non sulla sua rilevanza. L'errore alla base di quest'ultimo ragionamento è stato rettificato da Google, che dà valore a un'informazione secondo la sua freschezza, attualità e affidabilità.

Circa il 90% dei visitatori della pagina dei risultati del motore di ricerca (SERP) si ferma alla prima schermata che gli appare dopo aver digitato le keyword.

Questa, ovviamente, è una semplificazione del funzionamento dei complessi calcoli compiuti dai motori di ricerca. Però ci consente di puntare l'attenzione verso un elemento in particolare: bisogna strutturare le pagine del nostro sito affinché emergano delle keyword d'impatto, con l'aiuto degli strumenti free che consentono di monitorare i dati web. Un errore comune è la scorretta comprensione di due termini assolutamente diversi, che non devono essere confusi: indicizzazione e posizionamento.

L'indicizzazione avviene automaticamente, quando un sito è attivo sul web. La sua presenza viene riconosciuta dai motori di ricerca e compare nelle pagine di risposta alle interrogazioni degli utenti.

Il *posizionamento*, invece, si riferisce alla visibilità che viene acquisita da un sito tra i risultati del motore di ricerca utilizzato. Più specificatamente, è l'operazione attraverso la quale il sito viene ottimizzato, per comparire nei risultati in una posizione che sia la più favorevole possibile (sono preferibili la prima pagina e le prime posizioni).

Anche per questo aspetto, ogni motore di ricerca utilizza algoritmi particolari, come il *Page Rank* di Google, che attribuisce a ciascuna pagina un'importanza che varia in base al numero di collegamenti che la legano ad altri siti Internet.

Il posizionamento può essere di due tipi.

• *Posizionamento naturale*: dall'inglese *organic placement*. Si ottiene mediante azioni di ottimizzazione del sito e, se compiuto in modo corretto, offre un ottimo ritorno sull'investimento. Si lavora sulla struttura del sito, sui testi contenuti nelle pagine, sui tag, sui link e sulle altre indicazioni che il codice sorgente della pagina fornisce ai motori di ricerca. Questo tipo di posizionamento è il più interessante per chi si occupa di web marketing, in quanto può garantire risultati a lungo termine.

• *Inserzioni a pagamento: pay per click* o *sponsored links*. L'azienda che vuole comparire in prima pagina acquista le parole chiave con le quali vuole essere trovata, crea il messaggio da abbinare a esse, seleziona la pagina di destinazione.

CAPITOLO IX

Conquistare una SEO di successo: difficile? Non del tutto

Mi auguro che questo manuale costituisca una piccola guida per analizzare i diversi fattori che contribuiscono al vostro posizionamento sui motori di ricerca. La SERP è sempre più ambita e difficile da raggiungere.

Ormai ho la barba bianca e questo mi autorizza a dirvelo con la certezza e l'esperienza che deriva da questa condizione. A volte mi accorgo di aver studiato, per moltissimo tempo, per elaborare una strategia di successo. Poi, al momento di metterla in opera, mi sono ritrovato in grosse difficoltà. Ho pensato a tutto in chiave digitale e ora non so più come fare rientrare le mie riflessioni nel mondo reale.

È accaduto anche a voi, ma non ve ne siete accorti. Avete lavorato tanto per dare le giuste informazioni del prodotto a coloro che consultano il vostro sito, ma soltanto ora vi accorgete che non captate l'attenzione di nessuno. Avete trecento visite al mese; tolte quelle di parenti e amici, ne rimangono ben poche.

Cerchiamo di rimetterci in carreggiata e affrontare il problema dall'inizio. Andiamo con ordine. È chiaro che:

1. Per vendere, devo trovare clienti.
2. Per trovare clienti, mi devo proporre.
3. Dando per scontato che non abbiamo un grosso budget da investire, non posso utilizzare il *prime time* di Canale 5.
4. Devo utilizzare un canale economico.
5. Un canale economico può essere Internet.

Sembra perfetto: Internet si raggiunge in un batter d'occhio e i costi sono accessibili, come abbiamo notato, forse nulli.

Dunque, riprendiamo:

1. Per vendere, devo essere presente on-line.
2. Per essere presente, devo risultare nei motori di ricerca.
3. Per essere nei motori di ricerca, devo lavorare sulla SEO (Search Engine Optimization, ovvero ottimizzazione per i motori di ricerca). È interessante vedere come, quando questo acronimo è stato coniato, i motori di ricerca erano almeno due. Ora sarebbe più giusto parlare di GO, cioè Google Optimization.

Lavorare sull'ottimizzazione dei motori di ricerca è un'attività che docenti di web-marketing più blasonati di me ritengono fondamentale (certo), ma soprattutto definiscono *difficilissima*. Per due motivi. Il primo è che si vuole mantenere il segreto per essere gli unici detentori delle nozioni a riguardo; il secondo (e qui hanno ragione) è che, poiché è davvero difficile, se poi non ci riescono nulla è facilmente imputabile a loro.

Ma facciamo chiarezza. Google posiziona i siti in funzione di una molteplicità di condizioni. È bene ricordare che posizionamento non è indicizzazione: l'indicizzazione è quasi immediata, dato che esistono gli *spider* di Google; il mio sito viene rilevato ma può finire in quarantesima pagina.

Bisogna diffidare di chi vi dice che se fate una campagna AdWords, cioè con annunci a pagamento, poi acquisite referenzialità nei confronti di Google soltanto perché avete pagato.

Ho capito, nel corso degli anni, che le condizioni che determinano il mio posizionamento in un mondo virtuale non sono altro che quelle che regolano la vita reale, fisica.

Per far sì che un mio amico parli di me, devo per prima cosa dire a lui che cosa faccio. Poi devo fargli un sorriso. Poi lo devo convincere, quindi deve dedicarmi un po' di tempo. Poi lo devo stimolare a fare altre domande e a intrattenere con me una discussione.

A questo punto credo che lui parlerà bene di me.

Così è per Google.

1. Gli devo dire, per esempio, di cosa mi occupo. Inseriamo nelle descrizioni che quello di cui sto parlando è uno strass. Noi lo sappiamo, Google invece no.

2. Lo devo accogliere con un sorriso. Un sito piacevole contribuisce a stabilire una buona relazione. Un sito che consiglia oltre che vendere, è meglio di un sito di e-commerce nudo e puro, modello "dammi i soldi e scappa".

3. Deve dedicarmi tempo. Inseriamo nel sito un percorso fatto di suggerimenti e di consigli. I prodotti suggeriti devono avere spazio. Oppure bisogna sottolineare che chi compra questo abitualmente compra anche quello (il "solitamente acquistati insieme").

4. Deve farmi domande. Il tasto *ricerca* all'interno del sito deve essere ben visibile. Se dobbiamo sollecitare le domande, diamo a chi consulta un luogo in cui potercele fare.

Quali strumenti usare per i controlli

Chi è trendy li chiama KPI (Key Performace Indicators). Io preferisco il termine "manometro" o "termometro", ma comunque vediamo quali controllare e dove andare a guardare.

Le indicizzazioni sono esattamente le "referenze" che Google ha rilevato su di noi. Basta andare sulla stringa di ricerca e usare la formula: "site: www.nomeazienda.it".

Devo controllare che il mio sorriso sia piacevole. All'interno delle Google Analytics (servizio gratuito) vi è un dato importante, ma sottovalutato dai più: la percentuale di rimbalzo. È più importante (*molto* più importante) del numero generale di visite. In pratica, riguarda quanti arrivano al mio sito e poi se ne vanno subito, senza compiere nessuna azione. È come quando entri in un bar e poi ne esci immediatamente. Forse c'è cattivo odore.

Le interazioni con le pagine sono una chiara manifestazione di interesse. Se interagisco vuol dire che quel sito per me è interessante; quindi Google, che lo rileva, non ha che motivo di orgoglio nell'avermelo consigliato.

Sempre all'interno delle Google Analytics, vi è una sezione delle pagine più consultate.

Proviamo a tenere questi dati sotto monitoraggio.

È entrata in gioco una delle definizioni più importanti, che bisogna necessariamente conoscere per riuscire a entrare in questa nuova ottica di web marketing: il *Bounce Rate*, cioè il tasso di abbandono degli utenti che giungono su una pagina web.

Un basso tasso di abbandono (meno del 40%) è indice di una buona organizzazione dei contenuti e di un aspetto grafico (definito in gergo tecnico *look and feel*) accattivante, che invita il cliente potenziale a continuare la sua esplorazione all'interno del nostro sito. Un alto tasso (superiore al 60%), invece, è un sintomo molto negativo, perché indica che i potenziali clienti non hanno trovato quello che cercavano e che bisogna correre presto ai ripari.

Fino a qualche anno fa, molti sistemi di analisi statistica fissavano il rimbalzo dell'utente a trenta secondi, ma questo valore di riferimento si sta contraendo sempre di più, arrivando addirittura a cinque.

Entrando nello specifico, è possibile dare una definizione analitica di *Bounce Rate* di un sito: è la frequenza in percentuale di quanti visitano una sola pagina del sito sul totale dei visitatori (100 x numero visitatori di una pagina soltanto / totale visitatori). Come fare per evitare che i nostri clienti potenziali restino sulla nostra pagina soltanto per pochi secondi e, senza aver trovato quello che cercano, ripieghino sui *competitor* che sono riusciti a studiare una strategia comunicativa più efficace? Per rispondere a questa domanda, è utile capire come funziona un motore di ricerca e quali sono gli aspetti più importanti a cui prestare attenzione, affinché la domanda di acquisto dei consumatori non venga disillusa. Abbiamo già fornito in precedenza qualche dettaglio.

CAPITOLO X

Come scrivere un buon testo SEO?

La domanda che mi fanno più spesso è: «Ma come si fa a scrivere in ottica SEO?».

Sembra banale ma questa *non* è la domanda giusta.

O meglio, quella viene dopo. La domanda dovrebbe essere: «Ma come faccio a determinare quali keyword (è un termine simpatico per dire parole chiave) devo usare per essere ben posizionato su Google?».

Vi dico come la penso e come sono riuscito a formulare un algoritmo proprietario (altro termine molto usato per fare colpo, ma il cui significato è esattamente uguale a "ricetta": con la stessa filosofia, mia nonna aveva un algoritmo proprietario per la torta di mele), con il quale ho ottenuto molte soddisfazioni.

Molti consulenti, vi sarà capitato, si presentano nella vostra casella mail con la proposta: «Primi su oltre 50 motori e con 200 parole. Metodo infallibile. Se non sei soddisfatto, non ci pagherai».

Bene, tutti dobbiamo mangiare, ma non ti fidare. Ti stanno imbrogliando, confidando sulla tua impreparazione. Vediamo che cosa c'è dietro.

Innanzitutto a me il fatto di essere primo su un motore che nessuno consulta, non importa nulla. Non so neanche dove vadano a cercare cinquanta motori di ricerca. Il vero unico motore di ricerca affidabile è Google. E su questo devo lavorare.

Poi, anche se dovessero dirti: «Ma nei 50 motori c'è anche Google...» bisogna vedere con quali parole ci posizionano. A noi essere posizionati con la stringa di ricerca "sassolini luccicanti per calzature da ginnastica" non interessa. Meglio forse "strass per sneakers", no?

«Ah ma con "sassolini luccicanti per calzature" sei in prima pagina, quindi li devi pagare», dicono loro. Hanno raggiunto (ingannandovi) il risultato che c'è a contratto.

Non avevo dubbi.

Vediamo la logica da seguire nella determinazione delle parole da utilizzare. La ricetta (come tutte le ricette che si rispettino) prevede questi ingredienti:

- Parole ipotizzate: con quali parole mi piacerebbe essere posizionato.

- AVG (abbreviazione di *average*): il registro di quante volte quella parola è ricercata in un mese.

- *Competitor*: quanti insieme a noi competono per conquistare la prima pagina (SERP).

- *Bounce back*: salto indietro. L'utente atterra sul sito e rimbalza. Spaventato, inorridito, o semplicemente annoiato.

- Flusso di comportamento dei visitatori.

Procedimento

1. Prendiamo in considerazione le parole che ci sembrano più opportune per la nostra attività.

2. Attraverso gli strumenti gratuiti di Google (poi vedremo quali) si verifica quanto esse siano cercate.

3. Si scelgono le migliori (quelle che generano valori più alti) e le si mettono da parte. A questo punto abbiamo solo parole ricercate (quindi, difficilmente "sassolini luccicanti...").

4. Scelte le parole migliori, si verifica quanti concorrenti queste parole facciano registrare. Notate bene: i valori saranno sempre qualche migliaio, ma non spaventiamoci. Fino a 2,5 milioni di *competitor* potremo dire la nostra. Scartiamo a prescindere le parole che registrano un valore di concorrenti superiori: a esse non dedicheremo tempo.

A questo punto, se sappiamo che cosa cerca il nostro pubblico, e in quanti siamo a proporci, possiamo semplicemente fare una divisione. Ricerche diviso proposte.

Se in duemila cercano gli strass e siamo in dieci a venderli, potrebbe essere che in media (in un mondo meraviglioso e giusto) gli acquisti siano ripartiti in duecento a testa (il mondo di Internet non è giusto, e a volte neanche meraviglioso).

Abbiamo fatto tutti i calcoli e abbiamo visto quali sono le parole migliori (se segui la ricetta, saranno quelle che hanno un valore più alto).

Abbiamo finito? No.

Prendiamo in considerazione le parole e, poiché saremo bravi a scrivere un buon testo e ci posizioneremo in prima pagina sulla SERP, ipotizziamo quante visite ci porteranno. Prevediamo di conquistare la quinta posizione.

Ora, siccome Google ci vuole bene, ci dice che (è un dato vero e pubblicato) quelli che raggiungono la quinta posizione sulla SERP hanno un numero di click pari al 4,96% (per curiosità, la prima ha il 42,44%, la decima ha il 2,87%).

Prendo il dato di prima: duemila richieste. Dato che sono bravo e ho già eliminato le parole con i concorrenti più agguerriti e sarò bravo a scrivere, sono sicuro che la parola scelta mi porterà il 4,96% delle duemila visite. Circa novantanove visite. Esatto: mi aspetto che quella parola mi porti novantanove visite al mese.

Finito? No.

Abbiamo parlato di *bounce back*, il salto all'indietro. È un dato facile da reperire sulle Analytics. Di questi circa cento visitatori, quanti rimbalzano indietro? (Non preoccupatevi se il valore è alto. Fino al 50% è normale). Ipotizziamo ora che siano il 50%. Ora abbiamo visto che quella parola, che inizialmente mi portava novantanove visite, in realtà dopo il primo *bounce* me ne porta soltanto cinquanta.

Finito? No.

Analizziamo i passaggi (flusso dei visitatori) che occorrono all'utente per portare a termine un acquisto (di solito convinco il cliente a non fissare più di quattro passaggi prima dell'obiettivo di conversione, cioè l'acquisto) e a ognuno applichiamo la sua percentuale di *bounce*.

Finito? Sì.

Quello è il valore reale di acquisti (o raggiungimento dell'obiettivo) che quella parola genererà. Se poi vogliamo spingerci oltre e aggiungere un valore economico (€) medio del carrello a quella parola, ne vedremo i possibili ritorni economici.

Quelle sono le parole giuste per un buon testo Seo.

Poniamo che la mia intenzione sia vendere arance on-line. Se il mio pubblico cerca arance, forse, con i giusti accorgimenti, avrò qualche speranza. Molto spesso le aziende si credono al centro del mondo e che tutti ragionino come loro. Ho esperienza di un cliente che produce armadi metallici per circuiti elettrici (gli armadi che contengono i quadri di collegamento, fili e ogni forma di diavoleria elettrica), oppure i pulpiti dai quali si gestiscono le automazioni meccaniche. Ecco il testo che hanno scelto per il loro sito:

Qualità superiore – Prodotti innovativi e funzionali, con un livello qualitativo superiore a quello che puoi trovare da altri fornitori.

Personalizzazione – Tutti i nostri prodotti possono essere personalizzati per soddisfare le esigenze della tua azienda.

Durevoli – La qualità dei materiali e il know-how del nostro reparto ricerca e sviluppo garantiscono un prodotto robusto.

Come ho detto, producono armadi metallici.

Proviamo a interpretarlo così:

«*Qualità superiore* – Prodotti innovativi e funzionali con un livello qualitativo superiore a quello che puoi trovare da altri fornitori». Sì, ma di che cosa parliamo? Magari di abbigliamento da trekking? Non potrebbe essere in tema?

«*Personalizzazione* – Tutti i nostri prodotti possono essere personalizzati per soddisfare le esigenze della tua azienda». Sì, ma quali prodotti? Piastrelle e lavabi? Non potrebbero essere attinenti?

«*Durevoli* – La qualità dei materiali e il know-how del nostro reparto ricerca e

sviluppo garantiscono un prodotto robusto».
Stiamo parlando di scarpe da lavoro? Nastro
da imballo? Valigie?

Del resto, la domanda principale è: come fa
Google a sapere che sto parlando di *rack*? E
magari i clienti sperano pure di comparire nella
SERP. Se vendo *rack*, non altro, lo devo dire. A
Google prima, poi al mio pubblico. E poiché
Google è permaloso, lo devo dire come piace a
lui: con ripetizioni della keyword non inferiori
al 4% e non superiori al 7, 5%; con elenchi
puntati e con periodi brevi. Ogni periodo può
essere una chiave di ricerca; se c'è un punto
alla fine del discorso, Google lo capisce e ce lo
ripropone.

Un buon inizio è: «Dal 1950 produciamo
armadi per quadri elettrici, personalizzabili
nelle finiture, forature e filettature. Le nostre
soluzioni sono durevoli perché si tratta di
rack costruiti con materiali durevoli anti-cor-
rosione. I nostri clienti, che hanno provato i
nostri pulpiti di comando per macchine utensili, li hanno definiti come superiori alla media
del mercato».

Chiaramente abbiamo estremizzato il concetto, dunque sarebbe un'idea migliore utilizzarlo per una *landing page* (altro temine chic per definire una pagina d'atterraggio — solitamente non raggiungibile dal sito, ma che è utile soltanto come convogliatore di accessi — che viene creata e imbottita di termini di ricerca).

Ogni sottolineatura è una *keyphrase*, cioè una frase cercata su Google. Non inseriremo nei *metakeyword* (uno dei campi tecnici che è presente nel *back-end* di ogni sito ma non è visibile al consultatore) "il migliore", oppure "il più bello", o "il più performante", perché, anche se fosse vero, nessuno cercherà mai on-line il miglior pulpito di comando in assoluto.

Dicono di me

Avevo bisogno di consigli su come aumentare la visibilità dell'azienda di famiglia, l'istituto Lazzari Zenari: per questa ragione ho interpellato per la prima volta Giorgio Maggioni.

Mi ha indicato un suo collaboratore esperto di comunicazione sui social. Stanno fiorendo proposte relative alla nostra cooperazione, che per il momento è un caso singolo.

Ho conosciuto Giorgio quando lavoravo in ICILA: ci seguiva per la comunicazione e il marketing. Professionale e competente, si occupa di un settore nel quale la partita è ancora tutta da giocare. Ha idee interessanti e innovative, che lasciano il segno. I suoi collaboratori sono validi.

In ICILA volevamo aumentare la visibilità utilizzando un blog, una rivista semestrale, una brochure e lavorare all'aggancio di nuovi clienti tramite il web. L'attività di comunicazione ha funzionato molto bene: era apprezzata dai clienti. Non ha avuto altrettanto successo il lavoro dedicato ai contatti, ai *prospect*. Vendevamo, del resto, un servizio molto specifico, che male si adattava a quel tipo di proposta.

EDMEA DE PAOLI, *Ceo Lazzari Zenari*.

CAPITOLO XI

Come girare un buon video?

Premessa: sembra banale, ma il fatto di avere a disposizione tanti siti d'appoggio dove poter pubblicare video, ci ha reso inevitabilmente indecisi.

Se chiedo a una persona che ore sono e mi risponde 17:15, penso che quello sia l'orario giusto. Ma se nello stesso istante dovessi chiedere a più persone e l'orario si differenziasse anche di due minuti soltanto, allora avrei il dubbio.

Ecco, credo che la molteplicità degli strumenti e delle piattaforme che abbiamo a disposizione non ci stia agevolando la vita; al contrario.

Partiamo dall'inizio. Andrà bene di tutto se intendete fare un video della comunione del figlio di vostro cugino (sic!).

Negli altri casi, ci sono regole da seguire. I video di "Filippo" pubblicati da un mio cliente, per esempio, sono di certo piacevoli, ma mancano di *frame* (manca, dunque, la struttura). Per la cronaca, "Filippo" è un personaggio immaginario, creato per un negozio, che illustra e propone i loro prodotti.

Seguiamo i video nel loro percorso: una volta identificate le criticità e determinate le azioni correttive, essi iniziano a generare traffico.

I docenti più *à la page* parlano di "comunicazione coerente e continuativa". Io mi sono accorto che esistono delle regole ben precise, che se vengono seguite (senza che diventi un tormento) portano sempre a miglioramenti costanti.

La soluzione è vecchia come il mondo, ma si può riassumere in: se devi fare una cosa e non la sai fare, falla fare a chi è capace. Oppure studia come farla bene.

Ogni video che abbiamo girato ha seguito questo schema.

Si tratta delle *mie* sei regole della *mia* comunicazione (altri dicono nove, alcuni dodici, e chi più ne ha più ne metta…) e non è detto che funzionino anche per voi.

Ma, poiché ho elaborato uno schema mentale, ve le suggerisco.

1. Idea: quello che dico deve essere originale.
2. La variazione dell'idea: se quello che devo dire è trito e ritrito, devo trovare un modo originale per dirlo. Devo porre creatività non nel contenuto, ma nello svolgimento. In una rete americana, si sono inventati l'idea di programmare un telegiornale che riportasse le notizie più rilevanti della giornata. Non è una grande idea. Sì, ma nessuno aveva mai letto il telegiornale spogliandosi e rimanendo completamente nudo. Era nato in quell'istante *Naked*

News. È vero, lo si può vedere qui: nakednews.com.
Malgrado ci si debba abbonare, niente paura: non è un sito pornografico.

3. Tono: la credibilità. Quel che dico deve essere riconosciuto come qualcosa di attendibile.

4. Ritmi: facciamo in modo di non addormentarci con la telecamera in mano.
   Un montaggio ritmico è coinvolgente, ma non giriamone neanche uno da crisi epilettica.

5. Stile: se decidiamo di realizzare una serie di video e non un video spot, cerchiamo di mantenere sempre lo stesso stile:
   a. Una testa.
   b. Un contenuto.
   c. Un tono di voce (non inteso solo come il volume).
   d. Una durata.
   e. Una chiusura.

6. Crescita: è la cosa più difficile da misurare. Se hai finito le cose da dire, spegni la registrazione, altrimenti finisci per annoiare.

Adesso che abbiamo realizzato un buon video, vediamo dove pubblicarlo.

CAPITOLO XII

Dove caricare e pubblicare i video che abbiamo girato con tanto amore?

Se pensate di essere il nuovo Fellini e il video che avete realizzato per l'azienda in cui lavorate ha riscontrato il benestare della direzione, è arrivato il momento di caricarlo on-line affinché la vostra notorietà (come regista) e quella dell'azienda (che vi paga uno stipendio per quello che fate), prenda il volo.

Scherzi a parte, vediamo quali sono le piattaforme sulle quali è possibile e opportuno caricare il video.

Online ci sono decine di portali gratuiti su cui poter appoggiare le nostre riprese, ma uno su tutti primeggia: YouTube.

Iniziamo prima a vedere però dove *non* è opportuno mettere i video, ovvero su LinkedIn. LinkedIn, come è noto, è un portale estremamente professionale e consultato per lo più in ufficio.

È chiaro che un video, soprattutto a causa dell'audio, può disturbare. È inoltre una piattaforma (per le cause di cui sopra) usata molto poco da mobile, anche se questo dato è in forte evoluzione. Essendo una piattaforma ancora consultata da desktop per la maggior parte degli utilizzi, ha un orientamento orizzontale.

Facebook è un altro social che conosciamo tutti. A differenza di LinkedIn, è solitamente consultato fuori dalle aziende. Anzi, i firewall ("muri di fuoco", ma molto più semplicemente barriere all'interno della rete aziendale) di molte aziende hanno aggiunto proprio Facebook come sito vietato, dopo aver rilevato che i dipendenti vi si connettevano per alcune decine di minuti al giorno. Abbiamo detto che è in uso all'esterno degli uffici e che solitamente è consultato attraverso l'app dedicata.

A meno che non siate la Ferragni però, difficilmente qualcuno vorrà consumare banda per vedere il vostro video aziendale.

Ma veniamo a lui, il principe dei portali video: YouTube. È nato nel 2005 come piattaforma di condivisione video (*video sharing*) e consente a chiunque di caricare i propri filmati in maniera molto semplice. È il secondo motore di ricerca dopo Google (che ne detiene la proprietà dal 2006).

La consultazione è molto comoda; ha un "motore di raccomandazione" che ti propone i video in funzione di ciò che hai visto e del tempo che hai dedicato alla visione. In realtà, durante il caricamento è possibile inibire l'opzione del suggerimento, ma si deve incorporare il video all'interno del proprio sito (anche se è molto facile, è un'operazione tecnica). Provate a pensare se, alla fine del vostro video, il sistema mi proponesse lo stesso prodotto, ma della concorrenza.

Il video è un componente che viene utilizzato sempre più spesso per attività di SEO mix, quando cioè si cerca qualcosa su Google. Se ho buoni tag (codici da inserire quando pubblico un video per indicarne il contenuto), il video viene proposto nella SERP.

Quattro miliardi di video vengono visualizzati al giorno, ma è un dato che si evolve alla velocità della rete. Quattrocento milioni di visualizzazioni da dispositivi mobili al mese sono un buon numero.

Molte volte, quando si parla di social, YouTube non viene neanche menzionato, perché gli *youtuber* o *videoblogger* in Italia non ricoprono ancora un ruolo riconosciuto come gli *influencer* di Facebook.

Ma quando un fornaio vuole comprare una nuova impastatrice, come fa a capire come funziona? Sfoglia un catalogo, oppure guarda un video? E quando un imprenditore che ha come business le impastatrici per il pane deve far vedere i propri prodotti, che cosa fa? Propone di sfogliare un catalogo oppure si affida a YouTube?

Trascurare YouTube per un'azienda, sia essa grande o piccola, è un peccato mortale, vuoi perché è gratuito, vuoi perché a differenza di altri sistemi è molto consultato. YouTube rappresenta la destinazione principale di tutti i video caricati on-line ed è la destinazione naturale di tutti gli utenti che vogliono guardare un video.

Capitolo XIII

Il metodo *Kite The Web*

Chi si occupa di comunicazione oggi deve procedere con un metodo preciso, senza lasciare nulla di intentato o al caso (anche se, a volte, l'azzardo premia e il fatto che le dinamiche del web siano imprevedibili può rivelarsi una risorsa davvero interessante).

Alla base si trova una filosofia molto semplice: costi contenuti e massima efficacia, ottenibile grazie all'utilizzo di strumenti gratuiti ma comunque all'avanguardia, che offrono servizi validi quanto quelli a pagamento (come a esempio il blog di Google oppure, per l'invio delle newsletter, MailChimp o Clever Elements).

Chiediamoci se esiste un modo per creare una comunicazione basata sugli strumenti esistenti, che sfrutti le regole fondamentali date dalla statistica.

La risposta è maturata dopo due anni di gestazione da parte di un team di esperti di web marketing: una formula semplice che utilizza i dati disponibili, il cui risultato deve essere incrociato con le informazioni fondamentali dello scenario complessivo di riferimento.

Grazie a *Kite the web* possiamo identificare chi fa visita al sito, che cosa ha visto e il percorso.

Si sfruttano le regole di base di una buona strategia: osservare attentamente la concorrenza e i risultati che ha ottenuto e cercare di formalizzare un percorso attraverso una formula matematica.

Questo processo è molto più semplice di quanto sembri e può essere applicato anche alle attività quotidiane più banali.

Come per la ricetta di una torta, il procedimento risolve un problema attraverso un numero determinato di passi: un vero algoritmo. È necessario analizzare attentamente il mercato virtuale, capire le sue dinamiche e, soprattutto, comprendere che cosa chiedono realmente i consumatori per cercare di finalizzare questo processo all'acquisto del nostro prodotto.

Dobbiamo offrire ciò che le persone vogliono e, per farlo, gli strumenti informatici ci danno un grande aiuto. Tramite pochi mezzi accessibili a tutti, possiamo capire quali sono i termini più ricercati e funzionali ai motori di ricerca.

Quello che cambierà sempre di più non è il "cosa", ma il "come": le piattaforme digitali saranno il nuovo ponte di collegamento tra gli utenti e le aziende che si propongono sul mercato on-line.

Anche i social network possono rivelarsi preziosi, in quanto insegnano che è molto importante condividere le proprie iniziative per incrementare la visibilità di un'azienda e di conseguenza il numero dei suoi acquirenti. Per chi si occupa di comunicazione ogni cliente deve rappresentare una nuova sfida, avvincente e stimolante, con un obiettivo sempre diverso da focalizzare e perseguire con chiarezza.

Nello scenario contemporaneo, è essenziale il ruolo della consulenza e della formazione per capire i bisogni e le necessità delle aziende e aiutarle a realizzare in maniera eccellente i loro progetti.

Una delle caratteristiche che rendono questo approccio unico è la possibilità di formare il personale di vendita a costo zero.

Alle piccole imprese viene data l'opportunità di sperimentare questi strumenti al loro interno e di verificarli grazie a esempi concreti, applicabili nella loro realtà attuale e futura.

Non è più tempo di una formazione standardizzata, ma è necessario un concreto adeguamento dell'organizzazione aziendale, con risorse umane proporzionate alle diverse funzioni.

Il tempo di crisi non deve essere percepito solo come un buco nero nel quale essere inghiottiti, ma come un momento in cui introdurre innovazione e cambiamento grazie a una visione lungimirante del proprio mercato di riferimento.

Poiché il compito del web marketing è generare contatti che diventino fatturato, l'azienda deve capire come emergere nell'oceano sconfinato della rete, che vede crescere ogni minuto e in modo inarrestabile il numero di pagine presenti. Per farlo non basta semplicemente essere visibili, occorre esserlo più dei *competitor*. Tutti noi siamo convinti che creare una splendida brochure e tenerla chiusa in un cassetto sia un'operazione superflua e costosa; lo stesso vale per un sito: trascurato, lasciato nascosto e abbandonato a se stesso, non solo è inutile, ma anche dannoso, perché fa percepire ai clienti l'immagine di un'azienda vecchia e trasandata.

È essenziale sottolineare che l'e-commerce è, in questo momento, l'unica economia che registra una crescita a due cifre, mentre le altre sono in recessione. Bisogna capire, quindi, quanto durerà questa fase, al fine di investire in strumenti che funzionano, focalizzare le tappe da seguire e curarle nel tempo. Si deve adottare una logica che contempli la partecipazione degli utenti nella creazione dei contenuti dei motori di ricerca, in modo da eliminare il ricorso massiccio ai link sponsorizzati a pagamento, per ottenere risultati più attendibili e naturali.

La chiave è capire come un'azienda possa sfruttare questo momento dell'evoluzione tecnologica e come possa affrontare i grandi cambiamenti che si registrano nel modo di fare acquisti dei consumatori.

Come possiamo sapere che cosa vuole sentirsi dire il nostro pubblico? E soprattutto, con quale logica possiamo determinare questi valori in un mondo superaffollato?

Il viaggio da compiere è impegnativo e richiede la capacità di ascoltare e di agire in team, e con semplici passi si può raggiungere un risultato molto soddisfacente.

Il rilancio dell'immagine di un'azienda deve avvenire attraverso una serie di passi, che portino la conversione dei visitatori in acquirenti:

- Avere un sito Internet.
- Essere presenti sui motori di ricerca.
- Offrire risposte ai problemi del visitatore con le *landing page*.
- Comunicare in modo coinvolgente e formare il personale di vendita.
- Monitorare e analizzare l'investimento e aggiustare il metodo.

CAPITOLO XIV

Parliamo di intelligenza artificiale

Al fine di sopravvivere in un mondo iperconnesso bisogna parlare di intelligenza artificiale.

Sono in molti a chiedersi che cosa succederà quando i robot penseranno come o meglio di noi. La domanda da porsi piuttosto è: perché si continuano ad alimentare discussioni filosofiche su questo tema? E che impatto avrà sulla piccola e media impresa?

La creazione di intelligenze artificiali, come appare chiaro, è un'attività gestita dall'uomo. Si tratta di un bene. Non lo dobbiamo dimenticare mai, altrimenti incorriamo nell'errore di temere uno scenario da film di fantascienza degli anni Settanta e Ottanta. Dunque perché avere paura di questa nuova tecnologia, che inevitabilmente migliorerà la nostra vita?

Domotica e robotica sono tecnologie ben consolidate, ma si possono definire intelligenze artificiali? Dipende. Il fatto che le tapparelle di casa si possano abbassare e alzare all'alba e al tramonto è indubbiamente comodo, ma non si tratta certamente di intelligenza artificiale. Il robotino che ci pulisce la casa è comodo, ma anch'esso non è intelligenza artificiale. Lo stesso si può dire per il tagliaerba.

Un esempio un po' più evoluto si riscontra nell'utilizzo dei *chatbot*. Spero di chiarire un poco le idee in argomento. Si tratta semplicemente di un software che simula una discussione, come se si trattasse di un interlocutore fisico. Ci sono testimonianze nell'ambito delle quali l'interlocutore che stava dall'altra parte del monitor era talmente soddisfatto delle risposte che il sistema forniva (si parla comunque sempre di testo scritto) che alla fine, quasi quasi, chiedeva un appuntamento a Valentina. Il risponditore si presentava, appunto, con questo nome. La compilazione del database impostato rispondeva a una matrice di domande (con la definizione delle relative risposte), che ragionava su una matrice "di prodotto" e una matrice "di utilizzatore". Nel web le stesse logiche sono utilizzate per i motori di raccomandazione.

Se ami *La Traviata* di Verdi, probabilmente ti piace anche l'*Aida*. Quindi tra i tuoi interessi c'è la musica operistica (matrice di prodotto). Se hai trent'anni, sei donna e sei un consumatore abituale di omogeneizzati, è molto probabile che tu sia una neo-mamma (matrice di utilizzatore). Se sei una donna, hai trent'anni e due anni fa hai comprato un biglietto alla Scala, forse adesso è inutile che ti riproponga l'acquisto, perché probabilmente hai un figlio piccolo. Certo, questa analisi è facile se la facciamo su una referenza, ma se i dati da analizzare sono qualche migliaio, l'intelligenza artificiale sarà indispensabile.

In un futuro molto vicino si suppone che l'intelligenza artificiale provocherà una riduzione del tempo lavoro del 50% (anche se questa stima mi sembra eccessiva), con un relativo incremento della produzione del 70%.

Detto questo, non è che le macchine sostituiranno l'uomo, ma sicuramente espleteranno alcune attività, non necessariamente ripetitive. Un *chatbot* non sarà solo d'aiuto alle grandi imprese, ma anche a fioristi, ristoratori, parrucchieri.

Gestire la clientela attraverso un'intelligenza artificiale permetterà di coordinare le domande ed eliminare i tempi di attesa. Inoltre, si tratta di un infallibile accumulatore di dati, che, se ben analizzati, permetteranno di creare per ognuno dei clienti un profilo personalizzato. Quindi perché guardare di traverso l'intelligenza artificiale? Ricordiamoci che se è vero che siamo lavoratori, è altrettanto vero che siamo consumatori. E i maggiori benefici li avremo proprio noi.

Ma parliamo più diffusamente dei *chatbot*. Ognuno di noi si sarà accorto che a volte, navigando all'interno di un sito, ci giungono messaggi (solitamente in basso a destra), che sembrano provenire da persone. Dall'altra parte del monitor ci dicono: «Ciao, sono Giulio, come posso esserti utile?». Sono per lo più software intelligenti, che iniziano ad aiutare nelle interazioni con i visitatori del sito. I *chatbot* rappresentano l'evoluzione degli assistenti personali digitali che, da una ventina d'anni, aiutano gli utenti con interazioni gestite da un *bot*.

La parola *bot* non è nient'altro che la contrazione di robot e indica un programma che utilizza gli stessi sistemi di interazione che abbiamo fra umani. Il meccanismo alla base del *chatbot* è quello di capire e riconoscere le domande e crearsi un database che, unito a un software di intelligenza artificiale, colleghi le domande. Il sistema è perfettamente funzionante. È incredibile: ciò gli permette di imparare dalle esperienze passate, per cui riesce a crescere e migliorare le proprie risposte.

Seppur ancora non facile da programmare, perché all'inizio richiede un grande impegno nell'inserire le prime opzioni di risposta (è intelligente, ma non fino a questo punto), è molto apprezzato dagli utenti, poiché permette di avere risposte e supporto in qualsiasi momento, di notte o nelle feste comandate. Fino a qualche anno fa si parlava di *customer care*. Ora si parla sempre più spesso di *social customer care*, o *digital customer care*.

Ci sono diverse teorie sull'evoluzione di queste intelligenze. Le aziende hanno iniziato a impiegarle "massicciamente" nel 2016 e ci sono stime che prevedono un utilizzo entro il 2020 nell'80% delle aziende a grande diffusione di brand.

Personalmente credo che, fra un paio d'anni, la situazione non sarà cambiata enormemente. Certo la tecnologia la farà ancora una volta da padrona, ma le aziende sono ben lontane dal voler abbandonare la presenza umana. Almeno, quelle con cui lavoro. Le piccole imprese la vedono ancora come una realtà lontana.

Attenzione, però: come ho già detto più volte, la tecnologia entra nella nostra vita in punta di piedi, senza annunciare urlando il suo arrivo. A un certo punto ci si ritrova a utilizzare WhatsApp o Google Maps senza quasi accorgersene.

TomTom insegna. I pionieri che installavano sull'auto il navigatore satellitare erano certo i più trendy. Poi è arrivato TomTom e i navigatori fissi hanno avuto un tonfo. In seguito ha fatto capolino Google Maps e sappiamo come è andata a finire.

CAPITOLO XV

Web diligence: focalizzare il percorso da attuare per procedere al progetto strategico

Dopo aver chiarito a grandi linee la SEO, ampliamo il raggio d'azione e ragioniamo in un arco di tempo di una certa durata. Illustrerò i percorsi di marketing di Web Marketing Media, il nostro gruppo di professionisti per lo studio di progetti on-line.

La *web diligence* interessa un periodo di tempo variabile.

Solitamente si tratta di tre mesi circa, che sono utili al consulente per capire quali sono i percorsi che si devono attuare per procedere poi alla stesura del progetto strategico. Il percorso di analisi, all'interno delle strategie di

Kite Marketing, è una fase delicata e fondamentale finalizzata a delineare la linea strategica o piano editoriale.

Il percorso di *governance*, invece, è il prodotto di una relazione continuativa fra il consulente e l'impresa e ha come unico obiettivo quello di generare profitto per quest'ultima. I percorsi di *governance* hanno durata variabile, ma sono subordinati a multipli di dodici mesi.

Crediamo che questo sia il tempo minimo di valutazione dell'effetto generato dalle azioni web che il consulente (nel mio caso, Web Marketing Media) metterà in campo per raggiungere il risultato.

Web Marketing Media si contraddistingue per l'accuratezza e l'utilizzo di strumenti di "attacco". Alcuni sono a costo zero e vengono abbinati ad altri a investimento limitato, che consentono di prevedere quali parole (keyword) genereranno traffico e di conseguenza denaro.

Vediamo nel dettaglio come bisogna operare.

Il consulente in questa prima fase lavora all'interno dell'azienda. Vuole diventare uno di voi, capire le dinamiche che regolano il vostro mercato, approfondirle dall'interno, pur mantenendo la neutralità di giudizio di un consulente esterno. Come un camaleonte, deve diventare invisibile anche agli occhi più critici, osservando e studiando i comportamenti. Deve imparare a vivere l'impresa, per capirne le peculiarità da trasmettere e i valori da evidenziare. In questa fase Web Marketing Media opera con tre soluzioni tecnico-economiche differenti. La scelta di questi tre possibili percorsi si decide di comune accordo con l'impresa, che diventa a tutti gli effetti mandante, e con il consulente che, attraverso i professionisti "associati", opera nel ruolo di web marketing manager.

Nella fase di *web diligence* sono previsti dodici incontri nel corso di tre mesi, alternando presenze differenti, sia da parte del consulente, sia dell'azienda, a seconda dei campi che si analizzeranno. Sarà consegnato e aggiornato un crono-programma degli incontri, da porre in essere durante il percorso. Proprio per le caratteristiche differenti delle aziende e delle azioni da attuare, il crono-programma non è standardizzato, ma viene redatto a seconda del progetto da realizzare.

Al termine del percorso sarà consegnata la strategia che l'azienda dovrebbe seguire per posizionarsi sul mercato del web.

Ma ragioniamo in merito ad alcuni percorsi.

PERCORSO A: *from no/low web to low/ medium web*.

Questa opzione si può definire come fase di *start-up*: da nessuna o lieve presenza in Internet a lieve o media presenza. Di fatto, sia l'impresa, sia il consulente, incominciano a conoscersi. È il percorso più economico, ma anche quello che Web Marketing Media ha deciso di adottare per tutti i progetti in fase iniziale. Non si vuole incidere sulle risorse economiche dell'impresa se non è strettamente necessario, ma è pur vero che per capire che cosa fare bisogna comunque produrre documenti, analisi, rilevamenti, osservazioni, piani strategici e ipotizzare i ritorni economici nel breve e nel lungo termine. Fin qui non abbiamo ancora realizzato operazioni on-line e siamo nel "sottobosco": non ci siamo ancora esposti al grande pubblico.

Questa fase è la più delicata e, malgrado sia possibile modificare in corso d'opera le pianificazioni, una buona partenza è già metà dell'opera.

Malgrado sia inteso come percorso di *start-up*, tale iter potrebbe rivelarsi come standard nelle aziende che hanno già le basi web e chiedono al consulente soltanto di intervenire a livello strategico. Prevede la presenza in azienda di due *senior partner* (a rotazione, in relazione alle necessità del momento del piano strategico) del consulente, con cadenza settimanale per mezza giornata, per un totale di quattro giorni completi al mese.

PERCORSO B: *from low web to medium web*.

Questo percorso si potrebbe definire come intermedio, dedicato alle imprese che hanno grandi necessità di riposizionamento o di prosecuzione in "grande stile" della fase preliminare: da lieve presenza in Internet a presenza media. Solitamente viene proposto al termine del primo semestre di *start-up*, dopo che sia il consulente, sia l'impresa hanno ben valutato il piano strategico.

Il percorso prevede la presenza di due figure *senior* e una *junior*: mezza giornata alla settimana del *partner senior* e una giornata del *partner junior*, per un totale di sei giorni al mese.

PERCORSO C: *from medium web to high web*.

Passare da media presenza ad alta presenza, quasi quotidiana, sulla rete. Si tratta del percorso consigliato alle imprese a forte caratterizzazione web, nelle quali tempi di reazione e risposte al pubblico sono determinanti per la riuscita del progetto strategico.

Il percorso prevede la presenza di due figure *senior* e una *junior*: una giornata e mezzo alla settimana del *partner senior* e una giornata a settimana del *partner junior*. In totale, si tratta di dieci giorni al mese.

Illustriamo ora un utile protocollo operativo di *web diligence & strategy* (WDS), per un totale di dodici incontri in tre mesi. Questo protocollo indica gli argomenti che generalmente devono essere trattati in azienda in questa fase.

Gli argomenti possono anche essere modificati a seconda delle esigenze aziendali o del tipo di analisi che si intende svolgere, quindi, restano una "indicazione" del percorso da seguire.

In alcuni incontri è necessario che siano presenti sia il personale o i referenti di progetto individuati in azienda, sia il consulente. In altri meeting si lavora in autonomia.

Alla fine del percorso, il consulente deve predisporre un elaborato di *web diligence & strategy*, che sarà consegnato all'azienda cliente.

In tale elaborato sarà contenuta, qualora sia stata individuata e ritenuta una strada proficua per l'azienda, una precisa indicazione di *web strategy*, ovvero delle strategie e degli strumenti che devono essere attivati per la realizzazione del corretto posizionamento dell'azienda sul web.

Il primo incontro tra il consulente e l'azienda è svolto a scopo conoscitivo. È necessario al fine di raccogliere informazioni sull'azienda e sui prodotti trattati e sulle loro caratteristiche, sia tecniche, sia di prezzo. Si redige una breve sintesi di quel che farà l'azienda cliente e quel che farà il consulente. Ci si domanda quale sia la situazione di comunicazione multimediale del cliente: esiste un blog, oppure un sito? Si determina una panoramica sulle soluzioni web disponibili sul mercato, quel che si può utilizzare fin da subito e quel che bisogna, da subito, guardare.

Il secondo incontro riguarda concorrenti, mercato e analisi sul web. È necessario al fine di conoscere chi siano i *competitor* reali, quali keyword utilizzino nell'ambito dei loro siti e come siano posizionati sui motori di ricerca. Successivamente vanno inserite in web CEO le principali keyword dei concorrenti, al fine di verificare quali altri *competitor* possono essere individuati nel web, e stilare un elenco. Il programma permette di confrontare il proprio posizionamento con quello delle altre aziende presenti sul mercato.

Utilizzando i dati precedentemente rilevati attraverso l'analisi dei *competitor* reali, si cerca di capire chi sono quelli virtuali, quelli cioè che insieme a noi concorrono, o concorreranno, al fine di ottenere il posizionamento sulla prima pagina dei motori di ricerca.

In seguito, si ragiona sullo Swot, la matrice che riguarda punti di forza (Strengths), di debolezza (Weaknesses), le opportunità (Opportunities) e le minacce (Threats) e sulla matrice di Hansoff, al fine di valutare se spingersi su mercati nuovi o tradizionali e con prodotti innovativi, oppure già presenti in azienda.

La matrice di Hansoff è chiamata anche matrice prodotto-mercato. Propone quattro percorsi, posto che la meta è incrementare il proprio business: parliamo di quattro strategie. Si prendono in considerazione prodotti esistenti o di nuova concezione, in mercati esistenti o nuovi. Parliamo di: penetrazione di mercato (prodotto e mercato esistenti); sviluppo del prodotto (nuovo prodotto, mercato esistente); sviluppo del mercato (prodotto esistente, nuovo mercato) e diversificazione, con nuovo mercato e nuovo prodotto. L'azienda può in tal modo definire il posizionamento del prodotto.

In funzione del mercato bisogna scegliere, del resto, se puntare su prodotti di largo consumo a basso prezzo oppure a basso consumo e ad alto prezzo.

Con la matrice prodotto/mercato, poi, ci si occupa sia dei prodotti dell'azienda, sia di quelli della concorrenza (i principali).

Il passo successivo del consulente riguarda le ricerche nel web: analisi dei prezzi e verifiche dei prodotti. Si attuano poi i controlli dei prodotti simili, le ricerche di e-commerce concorrenti proprietari e le ricerche dei prodotti in e-commerce generici. Si redige in seguito la sintesi dei risultati in tabelle, che possono essere utilizzate ai fini decisionali.

Un altro passo utile è la valutazione del sito attuale, ai fini della navigabilità e delle logiche che si vorrebbero sviluppare.

Si devono configurare le *analytics* e determinare una prima analisi degli accessi; settare *Kite*

The Web (KTW) sul sito aziendale e valutare l'utilizzo di prove su e-commerce generalisti, come Amazon.

Kite The Web è il migliore strumento diagnostico e di rilevazione visite del quale Web Marketing Media è proprietario. Permette di conoscere il nome delle aziende che hanno visitato il nostro sito, che cosa hanno guardato e per quanto tempo. Tutto questo nel pieno rispetto delle norme relative alla tutela della privacy. È possibile collegarlo al sito, oppure al blog del cliente.

È inoltre necessaria, sempre tramite questo strumento, l'analisi degli accessi, con relativo sviluppo delle conseguenze: la strategia di classificazione di eventuali contatti ci è utile in special modo in caso di accessi elevati. Avete già letto un capitolo dedicato all'argomento.

Il consulente si occupa inoltre di strategia nel web: business-to-business (B2B) e business-to-consumer (B2C).

Si tiene una discussione in brainstorming sulla strategia da accessi limitati: la strategia di sviluppo degli accessi (*landing page*, o altro).

Si redige una bozza da proporre al cliente sulla base delle analisi, dei risultati e della documentazione acquisita in precedenza. Si realizza, inoltre, la stesura di una bozza documentale, con utilizzo di MindManager, un software di mappe mentali, e creazione di file Mmap.

Si organizza poi una riunione con il cliente, allo scopo di affinare la bozza di *web strategy*. Si presenta all'azienda, infine, la bozza di indicazione strategica. È utile recepire le indicazioni di vincoli aziendale (tempi, budget, collaborazioni…).

La bozza strategica viene infine condivisa.

Si definiscono i compiti da affidare a terzi e si preventivano i costi degli strumenti individuati sulla base della strategia scelta: sito, blog, *landing*, e-commerce proprietario, e-commerce generalista, newsletter, etc.

Per ogni singolo strumento individuato, bisogna scegliere il fornitore del servizio, con il coordinamento di un responsabile di Web Marketing Media. Si redige un documento di riepilogo con tempi e costi per la realizzazione della *web strategy*.

La *web strategy* viene, infine, elaborata seguendo uno schema predisposto.

Eventuali Ppt (presentazioni per le quali si utilizza Powerpoint) e Mmap saranno realizzati come supporto per la presentazione all'azienda. Al fine di consegnare i lavori, si fissa una nuova riunione con il cliente. L'incontro conclusivo si svolge in plenaria, per presentare il lavoro svolto e consegnare le indicazioni operative.

Questo lo schema:

1. Premessa.
2. Analisi svolte.
3. Strategia delineata.
4. Motivazioni della strategia scelta.
5. Conclusioni.
6. Tempistiche e modalità operative della prosecuzione per la realizzazione della strategia.

CAPITOLO XVI

Come avviene l'internazionalizzazione d'impresa

Quando insegno l'internazionalizzazione d'impresa, mi riferisco soltanto a quella che avviene via Internet.

Quale strumento migliore? È facile da usare, immediato e costa pochissimo. Un Eldorado.

Partiamo dal fatto che Google (a mio parere) ci vuole bene e lo dimostra in modo gratuito. Alcuni sostengono che se non paghi nulla, il prezzo di ciò che compri sono i tuoi dati. Vero, ma queste informazioni, a Google, le hai già date in ogni caso, anche se non usi i suoi servizi.

Poiché vogliamo portare i nostri prodotti all'estero, dobbiamo iniziare a capire dove sono richiesti, dove potrebbero avere mercato; in sintesi, bisogna comprendere con che termini questi prodotti sono cercati. Poi dobbiamo vedere chi sono i nostri *competitor* in quella zona: qual è la loro reputazione su Google, le loro indicizzazioni e se posso prendermi una fetta di quelle ricerche (ma anche in quanto tempo).

Facciamo un esempio. Ipotizziamo di avere un'azienda che produce utensili da giardinaggio. L'azienda è florida; da tre generazioni produce palette per trapiantare i fiori dal vaso al terreno. Ha coperto il mercato interno attraverso la vendita tradizionale: agenti nei garden center, negozi di hobbisti e Grande Distribuzione Organizzata (GDO). Il figlio stimola l'azienda ad affrontare anche la vendita on-line.

A questo punto arriva il classicissimo e ricorrente scontro interno. Ne ho visti a decine, credetemi. Il dialogo che sto immaginando è questo:

Figlio: «Papà, ho visto che i nostri concorrenti vendono on-line i loro prodotti».

Padre: «Ah, sì. Mi piacerebbe proprio vedere quanto vendono. Ma va là…».

«Internet è pieno di prodotti come i nostri. Alcuni li vendono direttamente i nostri concorrenti. Perché non dovremmo farlo anche noi?».

«Perché li conosco quelli lì… sono solo balle».

«Eppure io credo che si potrebbe tentare».

«Sì e poi chi lo dice ai *nostri* clienti che vendiamo direttamente ai *loro* clienti? Non ci comprerebbero più niente. È troppo rischioso».

«Ma così facendo, rimaniamo fuori dal mercato».

«No, così facendo tuteliamo i nostri clienti e nel frattempo tuteliamo le nostre vendite. E poi chi lo dice ai nostri agenti? Li rimuoviamo senza tante remore? Lo sai che hanno famiglia e c'è chi lavora con noi da trent'anni. No, non è ancora il momento. Noi, sul web a vendere direttamente, non ci andiamo.

Siamo sempre andati bene così, perché dobbiamo cambiare, proprio ora che siamo già in crisi?».

Ecco il problema del *dumping* sulla catena distributiva: nessuno lo vuole fare, ma poi alla fine lo faranno tutti. È in corso un cambiamento del sistema. Se prima il produttore era un ostaggio di colui che vendeva, oggi per assurdo assistiamo al processo contrario. Il produttore può riprendere possesso dei suoi beni e venderli direttamente all'utilizzatore, rendendo ostaggio il distributore. Il fallimento dei centri commerciali americani dovrebbe farci pensare che forse è il modello di vendita a non funzionare più. La soluzione non è chiuderli alla domenica, sperando di spostare il momento della spesa nei giorni settimanali. Il web non chiude mai.

Ma torniamo al caso di padre e figlio.

Figlio: «Allora proveremo a fare qualcosa in modo da non pestare i piedi (sic!) a nessuno dei nostri affezionati clienti e non dare ai venditori nulla con cui infastidirci. Sei contento adesso?».

Padre: «Ecco, se vuoi, prova. Ma non dedicare tanto tempo all'esperimento. In questa cosa io non credo molto e visto che l'azienda l'ho fatta crescere io, saprò bene che cosa fare».

Mi sono imbattuto in uno di questi classici casi proprio lunedì mattina: nonno, madre e figlio; tre generazioni di imprenditori secondo il modello lombardo. Il nonno negli anni Sessanta apre un'attività, sacrifica tempo libero, viaggi, vacanze e riesce a far partire la piccola impresa complice il momento storico, la bassa tassazione, i controlli fiscali (più o meno rigidi). Arrivano i primi guadagni. Ci si compra il laboratorio e si smette di pagare l'affitto. I figli crescono, prendono un diploma (solitamente commerciale), e arriva il momento in cui entrano in azienda, ma il capostipite non molla.

Siamo negli anni Ottanta, l'azienda cresce. Il mercato, complice il fenomeno *babyboom*, esplode. I prodotti sono sempre più richiesti e l'azienda capitalizza denaro e immobili. Nel frattempo nascono i nipoti; studiano e prendono una laurea.

Siamo all'inizio degli anni Duemila: cominciano ad arrivare al grande pubblico i prodotti asiatici e con essi i primi dubbi sulla tenuta dell'azienda di famiglia. La concorrenza, i mercati che cambiano, la tassazione sempre più acuta e i controlli fiscali "in digitale" senza via di scampo. Arriva la Legge Tremonti. La Svizzera apre la collaborazione bancaria, altrimenti va in *black list*. Con IMU e ICI il capannone (ringraziando la nostra classe politica) da reddito diventa spesa. A questo punto crolla un sistema che per l'azienda era tutto: un modello vincente è diventato in un momento antico e rischioso.

Tornando all'esempio dell'azienda che produce palette, il figlio decide di iniziare a vendere on-line, per dimostrare al padre (nell'eterno scontro generazionale) che anche lui è un valido imprenditore.

Gli scenari possibili sono due:

1. Fa da sé, ma poi alla fine dovrà dar ragione al padre.

2. Chiama specialisti che fanno questo per mestiere.

Ho sperimentato un modello di sviluppo che mi ha dato sempre soddisfazioni. Non è il Vangelo; si potrà fare certamente di meglio, ma per me funziona. La prima cosa da fare è produrre *web diligence*; ne abbiamo parlato nel capitolo dedicato. Ora ci immedesimiamo nella pratica. È una parola che fa sempre effetto, ma alla fine non è nient'altro che una ricerca approfondita delle possibilità e dei costi/benefici di ogni azione on-line. I punti da seguire sono:

1. Definire qual è il sogno dell'imprenditore.
2. Verificarne la fattibilità.
3. Ipotizzare i tempi di raggiungimento dell'obiettivo.
4. Identificare gli strumenti.
5. Produrre i materiali.
6. Stabilire i controlli.
7. Fare *tuning* (cioè, per così dire, sintonizzarsi).

Nota: di proposito non considero i costi. Su quello ci si scontrerà in seguito, ma in un primo momento devo necessariamente ragionare con la mente libera da vincoli. In sintesi: il nostro imprenditore vuole vendere le palette per i gerani on-line. Il "suo sogno" è vendere all'estero, perché in Italia ci sono troppi problemi e lui non ha più voglia di sentirsi dire dal padre che: «La nostra azienda è diversa».

Verifichiamo la fattibilità e dunque da che paese iniziare e con quale prodotto.

Se un compratore vuole acquistare una paletta per i gerani, le ipotesi sono due: sa già dove andare, oppure cerca "paletta per gerani" su Google.

Ecco: quella parola (*paletta per gerani*) è quello che tecnicamente si chiama *keyphrase* (termine di ricerca).

Esiste uno strumento di Google (gratuito) che ci permette di verificare la quantità di volte in cui una parola è ricercata in rete; esattamente, la media mensile degli ultimi sei mesi. Si tratta di un numero: un dato lapalissiano.

Inoltre questa importante informazione è disponibile per ogni paese (quantomeno per i più popolosi).

Grazie a questa semplice interrogazione, posso sapere che "paletta per i gerani" è cercata x volte in Italia, e y volte in Francia o in Grecia.

È possibile estendere la ricerca finché voglio, lavorando sul termine iniziale (keyword). Magari in Italia "paletta per gerani" è cercata cento volte, "palettina per gerani" ottanta volte, "vanghetta per gerani" sessanta volte. Un generico "paletta per fiori" duecentocinquanta volte. Ciò si può verificare per ogni lingua (per esempio quella francese) e per ogni alfabeto (come quello greco).

Si tratta di un'azione semplicissima; le risposte che ne derivano, a prescindere dall'idioma, potrebbero essere:

* In Grecia le palette sono più ricercate che in Francia. Ne consegue un piano editoriale.

* In Francia si cercano vanghette. Ne consegue un piano editoriale.

* Né le palette, né le vanghette sono ricercate, in Francia o in Grecia. In questo ultimo caso, cerco nuove keyword, oppure valuto altri mercati di destinazione. Ma una soluzione si trova.

Per verificare i tempi di raggiungimento dell'obiettivo, bisogna prima stabilirlo e deve essere un numero. Parliamo di denaro. Il nostro amico, il figlio, ha il sogno di mille euro al mese.

Ora, le vanghette per gerani sono cercate mille volte in Francia. Se faccio tutti i passi giusti, riuscirò a venderne venticinque al mese. A quanto si vende una paletta? 9 euro. Quanto fa al mese? 25 x 9 = 225 euro. Gli basta? Se la risposta è no, si cercano altre keyword.

Per vendere palette per mille euro, quali strumenti devo attivare per il nostro imprenditore? Amazon? Devo avere un sito proprietario? Devo fare delle AdWords? Devo attivare un blog?

Mi attivo per produrre gli strumenti scelti.

Attivo i controlli; in primis Google Analytics, vera e propria cartina tornasole del sito. Poi la *seller central* di Amazon? Poi il *back-end* del blog, cioè quello che permette il funzionamento delle interazioni?

Infine faccio *tuning* delle performance, cioè aggiustamenti degli strumenti e della strategia.

Il nostro amico, se segue i passaggi giusti, riesce a vendere le sue palette all'estero. Seppur in maniera embrionale, ha iniziato a internazionalizzare la sua impresa.

Capitolo XVII

Un web marketing strategico dietro il primato mondiale di Premax

Dietro al primato mondiale di Premax ci sono un'aggressiva politica di e-commerce e trecento anni di storia.

Il consorzio del distretto delle forbici professionali e domestiche Made in Italy esporta in tutto il mondo l'85% degli strumenti da taglio, grazie soprattutto alle vendite on-line, che hanno raggiunto una quota rilevante del fatturato. All'origine di questo successo nelle vendite on-line c'è la messa a punto di un modello di business studiato appositamente per le piccole imprese.

Il distretto n. 1 delle forbici Made in Italy

Il consorzio Premax riunisce a Premana, nella Valsassina (in provincia di Lecco), i migliori artigiani premanesi di strumenti da taglio, forbici e coltelleria.

Sono diventati celebri in tutto il mondo per la capacità di coniugare artigianalità e tecnologie di lavorazione, considerati tra i più abili e più innovativi produttori di questo settore.

A questo grande successo, che ha alle spalle oltre trecento anni di storia e che ha visto incrementi costanti a due cifre del fatturato, ha dato notevole impulso un brevetto straordinario Premax: il *ring lock system*, che ha consentito di eliminare la tradizionale vite centrale, da sempre punto debole di ogni tipologia di forbici.

L'espansione del consorzio non avrebbe però potuto verificarsi senza una strategia di internazionalizzazione, molto rapida perché guidata e costruita su misura dagli esperti di e-commerce del mio team.

Abbiamo creato, con algoritmi proprietari e verifiche continue, una piattaforma costantemente monitorata.

Il primo franchising virtuale

Nel corso degli anni abbiamo operato per migliorare i contenuti del sito, lavorando sul SEO e monitorando il *ranking* di posizionamento sul motore di ricerca. Abbiamo lavorato molto anche per allargare e dare eco sulla rete ai prodotti Premax, coinvolgendo circa duecentocinquanta blogger. Di questi, almeno ottanta costituiscono un gruppo di fedeli e indipendenti commentatori, che fanno conoscere in modo dinamico i prodotti del consorzio.

Premax in Italia e in molti paesi del mondo richiama immediatamente l'immagine delle forbici italiane, considerate oggi le migliori disponibili per qualsiasi settore professionale e per la casa.

Questo però non poteva bastarci e di recente abbiamo voluto replicare il modello di PremaxShop (premaxshop.com) in più Paesi, al fine di offrire a piccoli operatori locali un'opportunità mai messa in atto: un negozio virtuale. Ciò grazie all'avvio di un franchising internazionale di e-commerce, a costi estremamente accessibili, con partner dotati di un piccolo deposito che si prendono carico, una volta ricevuto l'ordine e il pagamento, di attuare la spedizione tramite la posta ordinaria o uno spedizioniere. Si tratta del primo franchising internazionale costruito in rete, rivolto a piccoli operatori senza nessun investimento iniziale (i prodotti sono inviati da Premax in conto vendita). È ancora un progetto embrionale, ma confido in grandi soddisfazioni.

Gli strumenti che nel corso degli anni abbiamo realizzato e costantemente migliorato, abbinati a un modello semplice ed efficace, ci convincono che il futuro vada in quella direzione. Oggi il consumatore che cerca un prodotto non si rivolge al rivenditore fisico locale (in realtà non l'ha mai fatto), ma si informa attraverso le opinioni di chi conosce: di persone che fanno parte del suo stesso gruppo. È sempre stato così nella storia, solo che ora cambiano gli strumenti di dialogo. Una volta c'era la panchina in piazza, ora gli smartphone. Nelle aziende si crede che questo sia un nuovo mondo, non governabile, che segue percorsi non logici. In realtà il mondo è sempre quello del passato, solo che è molto più veloce.

Giorgio Maggioni è un creativo. Ha una forte propensione innovativa e propositiva su vari aspetti del mondo web marketing e social. Parliamo di forti stimoli strategici che devono essere poi tradotti in attività operative e seguiti nel tempo, con le necessarie azioni correttive, in base al livello dei risultati ottenuti.

Abbiamo notato la sua professionalità; c'è un rapporto di stima reciproca. Si è instaurata una collaborazione durevole. Ci proponevamo di ottenere una buona presenza web di Premax, in termini di fatturati di vendita on-line e di posizionamento.

Risultato ottenuto: le nostre esigenze sono state soddisfatte.

Che cosa dovrebbe fare Giorgio Maggioni, al fine di migliorare le sue attività? Dovrebbe creare un maggiore coinvolgimento continuativo con la squadra e maggiore continuità nel ri-tarare le azioni/attività, in base all'andamento dei risultati.

Dal 2012 Premax lavora con lui e i suoi collaboratori per progettare e attivare il percorso e il progetto strategico complessivo di web marketing. Vengono definite le strategie e implementate poi le attività operative conseguenti di posizionamento e presenza sul web e sui social. La collaborazione è fruttuosa.

GIOVANNI GIANOLA, *Premax*

Per capire chi è Giorgio Maggioni e come si pone nei confronti del lavoro, abbiamo chiesto ad alcuni clienti di parlarci di lui. Ne è uscito un profilo articolato da interpretare: un professionista certo, ma anche un personaggio difficile.

«Lavora per la nostra azienda dal 1996, anche se non in maniera continuativa. Lo chiamiamo quando ci sono problemi inconsueti. Ha la dote innata di affrontare i problemi da un'angolazione diversa. Dopo un po' però siamo costretti a un periodo di riposo perché va preso poco per volta.

Si è presentato al primo appuntamento elegante come se dovesse andare alla sua prima Comunione. Al secondo era in ciabattine arabe e bermuda. Mi son detto: "Che ci faccio con questo? Lo mando al diavolo oppure gli do retta? ". Nel corso del tempo ho imparato a conoscerlo. L'aggettivo che più gli si addice è *particolare*. In principio un treno in corsa, poi se "gli gira" si ferma completamente, per riprendere appena ritrova lo stimolo. Il problema è che non sai quando cambia il vento. Va preso così».

Un altro intervistato invece ci racconta: «Mi ricordo che tornava dal golf. Noi siamo un'agenzia di comunicazione in provincia di Bergamo e lui andava a giocare al campo da golf di Bergamo. Era il 2006, un momento difficile per noi: clienti stanchi che non pagavano e dipendenti senza passione. Gli ho fatto fare un giro in azienda di un'oretta al massimo. Mi ha chiesto che cosa poteva fare per me e io gli ho spiegato i miei problemi. Mi ha risposto: "Antonio, il tuo vero problema sono i dipendenti. Se gli vuoi bene, inizia a lasciarli a casa. Hai una situazione insostenibile, non mi serve guardare i tuoi bilanci. Lasciali a casa, dammi retta, altrimenti non duri più di cinque anni. Hai troppi costi". L'ho ringraziato e l'ho accompagnato alla porta. "Come si permette?", mi sono detto. Tre anni dopo ho portato i libri in Tribunale. Certo non è simpatico sentirselo dire, ma ho capito solo dopo. A volte vede avanti. Il problema è che sa di essere bravo e allora diventa insopportabile».

Un altro mi racconta: «Girava con una Volkswagen Polo vecchia di vent'anni, con gli interni in pelo bianco, uno spettacolo. Gli dicevo di parcheggiarla lontano dall'entrata dell'azienda. Sembrava che fosse indifferente a queste cose. Poi un bel giorno lo vedo arrivare su una spider decapottabile».

E ancora: «Mette tutto se stesso nei progetti, soprattutto in fase di *start-up*. A volte anche di più, ma dovrebbe lavorare maggiormente in sintonia con il suo team e imparare a delegare ma, sinceramente, non credo ne sia capace. Comunque per noi sta facendo progetti eccellenti».

Lo voglio incontrare. Ci vediamo a Monza in un bar per l'ora dell'aperitivo; saranno state le 18:30. Arriva con una giacca a scacchi rossa e un vistoso papillon rosa. Parliamo. Mi spiega che cosa fa per vivere e che cosa potremmo fare insieme. Mi ubriaca di idee che ancor oggi mi sembrano talmente futuristiche che fatico a dargli una collocazione. Mi saluta verso le 20:00 dicendomi: «Scusa, ma adesso devo andare. Alle 22:30 ho un appuntamento a Pesaro. Non ci arriverò mai, ma avviso che avrò un quarto d'ora di ritardo».

MARCO DEBENEDETTI, *giornalista*

GLOSSARIO

ADVERTISING: marketing a pagamento.

CPA (Cost Per Acquisition oppure Cost Per Action): una strategia di offerta automatica. Identifica il costo di una determinata azione compiuta da un utente. Le offerte sono impostate in modo da ottenere il maggior numero di conversioni possibile, al costo per acquisizione (CPA) del target che si è definito.

CPC (Cost Per Click): costo che si paga soltanto per i clic sui propri annunci. Si imposta l'offerta massima che si è disposti a pagare per un clic sul proprio annuncio.

CPM (Cost Per Mille): la stima del costo di mille letture di un messaggio pubblicitario.

CPV (Cost Per View): nel web marketing, è un metodo di offerta che consente di pagare

ogni volta che il proprio video viene riprodotto. Si impostano le offerte Cpv al fine di
comunicare a Google l'importo massimo che
si è disposti a spendere per ciascun video
riprodotto.

Cta (Call To Action): la chiamata all'azione.
Si parla dell'interazione di un utente con un
post, quando questi fa clic su un link, oppure
un pulsante: gli si domanda di fare qualcosa.

Ctr (Click-Through Rate): la percentuale
dei clic previsti su un annuncio, cioè un tasso
che misura l'efficacia di una campagna di
marketing.

Dem (Direct E-mail Marketing): una tecnica
pubblicitaria che sfrutta la posta elettronica
per pubblicizzare un prodotto o un'azienda.
Vedere Newsletter.

Mailing list: la lista degli indirizzi di posta
elettronica acquisiti per svolgere attività di
mail marketing o Dem.

Newsletter: comunicazioni periodiche
inviate a una serie di utenti iscritti a tale servizio: si tratta di materiale sintetico, a carattere
commerciale o informativo.

PAGE RANK: Google lo assegna a ogni risorsa indicizzata nelle sue banche dati. Un valore elevato di Page Rank fa sì che la risorsa stessa sia posizionata meglio nelle ricerche.

PPC (Pay Per Clic): il costo relativo a una campagna, nella quale il pagamento avviene sulla base dei clic ricevuti su un annuncio o banner pubblicitario.

QUERY: quel che l'utente scrive nella casella di testo in modo da fare una ricerca. In sintesi, una domanda.

SEA (Search Engine Advertising): web marketing applicato ai motori di ricerca, in ambito pubblicitario a pagamento. Google AdWords, per la pubblicazione di annunci sulle pagine del motore di ricerca e/o dei suoi partner, in base all'obiettivo e al target determinato, è lo strumento più utilizzato.

SEM (Search Engine Marketing): strategia di web marketing applicata ai motori di ricerca; comprende tutte le attività atte a generare traffico qualificato verso un determinato sito web.

SEO (Search Engine Optimization): si utilizza per migliorare il sito web, basandosi sulla percezione che ne hanno i motori di ricerca. Il fine è migliorare la posizione sulla SERP, mirando alle prime.

SERP (Search Engine Result Page): la pagina dei risultati dei motori di ricerca, che mostra le risposte alla nostra domanda.

SMA (Social Media Advertising): il web marketing applicato ai social media, nella pubblicità a pagamento.

SMM: Social Media Marketing.

SEARCH RESULT MONITORING: il monitoraggio dei risultati; analisi della SERP sulla base di singole query.

FdBooks Collections

Fiori di loto. *Non scordare le tue origini*
Alcune edizioni del passato, pur rilevanti per gli argomenti trattati
e gli autori coinvolti, spesso non hanno oggi alcuna possibilità di
pubblicazione in formato cartaceo. Colgo da terra tali edizioni,
correggo i refusi, aggiorno se necessario la bibliografia e rendo il
testo nuovamente disponibile al pubblico in formato ebook.

p-mondi. *Mondi dove accade p*
Nasce la nuova sezione monografica della collana *Fiori di loto*.
Un'idea editoriale anzitutto in formato cartaceo, ma anche
digitale. Libretti tascabili, di scorrevole e pratica lettura. Da
gustare ovunque, con calma.

Nuovi graffiti. *Tratti in salvo*
Edizioni illustrate, segni del passato che ora tornano a nuova
luce in una nuova e attualissima veste. Pubblicazioni da sfogliare soffermandosi sui dettagli, molto importanti.

ABW. *Author's Best Works*
In the series *Author's Best Works*, FdBooks offers a selection of
the best authors in world literature. Each book has interactive
footnotes and chapter headings in clear and elegant typeset,
and is available at a very affordable price. Because… *Culture is
priceless, almost always*

Auto da fé.
Una collana di nuove opere (esordienti e non) per consentire a tutti
di pubblicare *gratis* il proprio manoscritto. La collana ha per nome
Auto da fé, poiché l'atto di fede più importante è quello dell'autore
nei confronti di se stesso, prima di rimettersi al pubblico giudizio.

Printed by CreateSpace, An Amazon.com Company